KB151236

하버드 대학의 그랜트 스터디가 밝힌 영성의 중요성

내 마음속 천국: 영성이 이끄는 삶

조지 베일런트 지음

김진영 · 고영건 옮김

역자 서문

"두 사람이 하늘에 난 신비한 구멍으로 다가왔다.
한 사람이 또 다른 사람에게 자신을 먼저 들어 올려 달라고 했다.
하지만 그 구멍의 경계 너머로 천국을 들여다 본 사람은
그 아름다움에 반해버려서 모든 것을 잊어버렸다.
자신의 친구를 도와주기로 약속했던 것조차 잊어버린 채,
그는 오로지 천국이 선사해주는 그 장엄한 광경 속으로 빠져 들어갈 뿐이었다."

이 글은 덴마크의 극지방 탐험가 라스무센(Knud Rasmussen)이 소개한 에스키모의 산문시[1] 중 일부다. 이 글은 흔히 사람들이 '천국(天國)'에 대해 가지고 있는 전형적인 이미지를 보여준다. 하버드 대학의 조지 베일런트(George E. Vaillant) 교수는 이 책을 통해 천국에 대한 믿음과 영성의 중요성에 대해 소개한다.

베일런트는 무려 35년간이나 하버드 대학 그랜트 스터디의 연구책임자로 일하였다. 그랜트 스터디는 행복한 삶의 비밀을 규명하기 위해 인간의 실제 삶을 평생 추적조사했던 세계 최고의 심리학 연구 프로젝트 중 하나다. 이 연구는 박애주의자인 윌리엄 그랜트(William T. Grant)의 후원 덕분에 진행될 수 있었다, 그래서 이 프로젝트는 일명 '그랜트 스터디(Grant Study)'라고 불린다.

하버드 대학의 성인발달연구에서는 처음에 하버드를 졸업한 남학생들만을 대상으로 연구를 시작했다. 하지만 하버드 대학 출신 남학생들만을 대상으로 연구를 진행할 경우, 그 결과를 일반 사람들에게 적용하는 데는 한계가 있을 수밖에 없다. 이러한 점을 고려하여 나중에 베일런트는 뛰어난 지적인 능력을 갖고 있는 영재 여성들과 도심 빈민가에서 자란 남자 청소년 집단을 평생 추적조사하는 작업을 추가로 진행하였다. 이 세 집단은 비슷한 시기를 살아갔던 사실상 동년배 집단에 해당된다.

비록 이 책에서 다루는 사례들이 하버드 대학을 졸업한 남학생들일지라도, 이 책의 결론은 저자가 다른 두 표본, 즉 영재 여성들과 도심 빈민가에서 자란 남자 청소년 집단을 평생 추적조사한 결과와의 간접적인 비교과정을 거친 것이라는 점을 기억해 둘 필요가 있다. 이 책에서 베일런트는 하버드 대학의 성인발달연구 결과를 바탕으로 왜 사람들이 전 세계적으로 그리고 인류의 역사 전반에 걸쳐 천국이 매력적이라는 믿음을 갖게 되었는지를 소개한다.

베일런트에 따르면, 천국에 대한 믿음은 영성이 우리의 삶을 이끌어가는 과정과 밀접한 관계가 있다. 다만, 베일런트가 강조하는 것처럼, 영성이 우리 삶에서 기능하는 방식을 이해하기 위해서는 영성의 '이중적 특성'을 이해하는 것이 중요하다.

영성은 신의 뜻을 따르는 것과 같은 심오한 종교적 체험을 통해 우러나오기도 하지만, 다른 사람들을 사랑하고 인류에 헌신하는 매우 인간적인 경험을 통해서도 나타날 수 있다. 이러한 영성의 이중성을 반영하여 대부분의 종교에서는 신과 사랑을 사실상 '동일시'하는 전통을 갖고 있다.

베일런트는 인간의 삶에서 휴머니즘이 제아무리 중요한 가치를 갖고 있다 하더라도, 그것만으로는 충분하지 않다고 주장한다. 휴머니즘과 천국에 대한 믿음은 분명히 서로 다른 것이다. 인생(人生)은 짧지만 영생(永生)은 영원하다! 휴머니즘은 '인생'을 위한 것이지만, 천국에 대한 믿음 혹은 영성은 '영생'을 위한 것이다.

휴머니즘과 천국에 대한 믿음, 즉 영성의 차이는 바로 '전망(prospection)'에서의 차이에서 비롯된 것이다. 베일런트에 따르면, 과거 사건에 대한 정신적 표상은 '기억'이라 하고, 현재 사건에 대한 정신적 표상은 '지각(知覺)'이라고 하며, 미래 사건에 대한 정신적 표상은 '전망'이라고 한다.

현재의 삶을 넘어서 존재하는 사후세계에 대해 전망하는 우리의 능력은 진화와 밀접한 관계가 있다. 진화론의 관점에서 보자면, 우리는 전망 덕분에 미래의 여러 가지 사건들로 인한 결과들 그리고 그에 따른 자신과 타인들의 정서적인 반응들을 다각도로 시뮬레이션해 볼 수 있다.

진화과정에서 인간에게는 크게 두 부분으로 나누어진 뇌가 나타나게 되었다. 그 하나는 '호모사피엔스 뇌'다. 이것은 합리적 이성으로 무장한 뇌로서 이 뇌는 종교를 '대중의 아편'으로 간주한다. 또 다른 뇌는 포유류의 '변연계 뇌'이다. 이 뇌는 우리의 정서적인 중추기관으로서 우리가 마음속에 천국에 대한 믿음을 간직하도록 해준다. 이 뇌에서 우리가 천국이 존재한다는 사실을 직관적으로 깨달을 수 있도록 해준다.

뇌의 이러한 이중 구조는 인간의 생존을 돕는 진화의 산물에 해당된다. 그리고 이러한 뇌 구조는 인간을 다른 영장류와 분명하게 구분해 주는 해부학적 특징이기도 하다. 오직 2개의 뇌가 통합적으로 기능하는 경우에만 우리는 온 세상이 눈으로 뒤덮인 겨울 들판에도 언젠가는 분명히 봄

이 올 수 있다는 희망을 간직할 수 있다. 그리고 이처럼 통합적으로 기능하는 뇌만이 사후세계에 대해 지혜롭게 '전망'하는 것이 가능하다.

발달심리학자이자 정신분석학자인 에릭 에릭슨(Erik H. Erikson)에 따르면, 우리는 인생의 각 단계마다 '심리사회적 위기'를 경험하게 된다.[2] 그리고 그는 우리가 이러한 위기를 어떻게 해결해 나가느냐에 따라 삶의 향방이 결정된다고 보았다. 그에 따르면, 개인은 인생의 각 시기마다 심리사회적으로 요구되는 과업들을 해결해 나가는 과정에서 고유한 '덕목(virtue)'들을 배우게 된다.

에릭슨은 인생의 첫 번째 과제가 출생 후에 '희망(hope)'의 덕목을 터득하는 것이라고 주장하였다. 그에 따르면, 희망은 생애 초기를 얼룩지우는 어두운 무기력감 속에서도 자신의 소망이 언젠가는 이루어질 수 있다는 밝은 믿음을 간직하는 것을 뜻한다. 이러한 희망은 영유아기에 신뢰할 만한 양육자가 제공해 주는 따뜻한 관계 속에서의 욕구충족 경험을 통해 형성된다. 다시 말해, 희망의 덕목을 터득하는 것과 사랑받는 경험은 불가분의 관계다.

베일런트는 이 책을 통해 에릭슨의 심리사회적 발달이론을 더욱더 확장한다. 베일런트에 따르면, 인생의 마지막 과제, 즉 삶에서 '유종의 미'를 거두기 위한 필수과제는 '전망'을 통해 '사후세계' 혹은 '영생'의 문제를 해결하는 것이다. 영유아기 때 우리는 합리적인 사고와 증거를 바탕으로 희망을 배우지는 않는다. 마찬가지로 사후세계 혹은 영생의 문제를 해결하는 것 역시 합리적인 사고와 증거를 바탕으로 할 수 있는 것이 아니다. 왜냐하면, 이것은 전적으로 '믿음'의 문제이기 때문이다.

'믿음(faith)'은 '신념(belief)'과는 다르다. 신념은 인지(認知)에 해당되는 반면, 믿음은 정서(情緒)에 속한다. 베일런트는 각각 뇌의 이중 구조를 상징하는 과학과 열정이 반드시 서로 손을 잡아야 한다고 주장하였다.

과학의 대중화에 평생 헌신했던 천체물리학자이자 『코스모스(Cosmos)』의 저자인 칼 세이건(Carl Sagan)도 베일런트와 유사한 문제의식을 공유하고 있었던 것으로 보인다. 그는 『악령이 출몰하는 세상: 과학, 어둠 속의 작은 촛불』이라는 저서에서 이러한 점을 '인간적인 인간에 관한 문제'라고 표현한 적이 있다.[3]

"내 부모님은 몇 해 전에 돌아가셨다. 나는 그분들과 매우 친밀하게 지냈다. 아직도 나는 그분들이 정말 그립다. 언제라도 늘 그럴 것이라고 믿는다. 나는 그분들의 본성과 인품 그리고 내가 그분들과 관련해서 정말 너무나도 사랑했던 것들이 아직도 어딘가에 존재한다고 간절히 믿고 싶다.

그분들께 안부를 그다지 자주 묻지는 않는 편이다. 겨우 일
년에 5분 혹은 10분 수준이다. 예를 들면, 그분들께 손자들
에 대해 말하거나 최근 소식을 전해드리거나 내가 그분들
을 사랑한다는 것을 상기시켜 드리곤 한다. 아무리 다른 사
람들에게 유치한 얘기처럼 들릴지라도, 내 마음속 어디에선
가는 그분들이 어떻게 지내시는지 궁금해 한다. 나는 그 분
들께 '만사(萬事)가 다 편안하십니까?'라고 묻고 싶어진다.
아버지께서 돌아가시는 바로 그 순간에 내가 드린 마지막
말씀은 '몸 조심하세요.'였다"4)

칼 세이건은 딸이 어렸을 때부터 '우리는 별들로 이루
어져 있다(We are star stuff)'는 점을 강조했다고 한다.5) 그에
따르면, 우리는 유전자를 통해 조상들과 연결되어 있으며,
나아가 우주와도 연결되어 있다. 왜냐하면, 몸을 이루는 원
자들은 바로 우주 별들의 핵에서 만들어진 것이기 때문이다.

칼 세이건은 만약 우리가 영원히 죽지 않는다면, 우리
의 존재 그 자체는 그다지 놀라운 것이 될 수 없다고 믿었다.
그는 딸 사샤(Sasha)에게 "우리가 언젠가는 죽는다는 사실이
바로 우리에게 심오한 아름다움을 느끼게 해주며 우리가
깊이 감사해야 할 이유가 된다"는 점을 일깨워 주었다.

사샤는 아버지가 남겨둔 지적인 유산 덕분에 수많은 사
람들이 과학의 경이로움과 비판적 사고의 즐거움을 느낄

수 있게 된 것에 놀라워하면서 한 잡지에 다음과 같은 글을 기고하였다. "이미 세상을 떠난 아버지가 이처럼 어떤 형태로든지 되살아나는 것을 보는 것은 엄청나게 명예로운 일입니다. 이것은 한 인간으로서 희망할 수 있는 유일한 것일지도 모릅니다. 어쩌면 수 세기가 지난 다음에도 학생들은 아버지의 원고를 읽게 될지도 모르겠습니다. 이처럼 저는 아버지의 삶이 과거에만 머물러 있는 것이 아니라 머나먼 미래로까지 확장될 수 있다고 느끼고 있습니다. 아버지는 자신을 사랑했던 사람들의 마음속에 생생하게 살아있는 동시에 고통스럽게 떠나가 버린 것이기도 합니다. 이러한 점은 제가 죽음과 불멸성의 수수께끼에 대한 생각에 잠기게 합니다."

1990년 2월 14일 보이저(Voyager) 1호는 태양계를 벗어나면서 지구에서 가장 멀리 떨어진 위치인 61억 킬로미터 거리에서 지구를 촬영한 사진을 우리에게 전송했다. 그 사진은 지구가 광활한 우주에서는 먼지만큼이나 보잘것없는 존재에 불과하다는 점을 보여준다. 이런 점에서 그 사진은 '창백한 푸른 점(The Pale Blue Dot)'이라는 이름으로 불린다. 칼 세이건은 동명의 저서에서 그 사진을 본 소감을 다음과 같이 남겼다.

"여기가 우리의 고향이다. 당신이 사랑하는 모든 이들,

당신이 알고 있는 모든 사람들, 당신이 들어 봤을 모든 사람들, 예전에 살았던 모든 사람들이 이곳에서 삶을 누렸다. 역사 속의 모든 성인과 죄인들이 태양 빛 속에서 부유하는 먼지의 티끌 같은 곳에서 살았던 것이다. 지구는 광활한 우주 속에 있는 지극히 자그마한 무대에 불과하다. 이 작은 점의 어느 한 구석에 살던 사람들이, 반대편 구석에 살던 사람들에게 보여주었던 잔혹함을 생각해 보라. 서로를 얼마나 자주 오해했는지, 서로를 죽이려고 얼마나 애를 써왔는지, 그 증오가 얼마나 깊었는지 모두 생각해 보라. 아마도 우리가 아는 유일한 고향을 잘 보존하고 소중하게 다루며 서로를 따뜻하게 대해야 한다는 책임을 이 창백한 푸른 점보다 더 분명하게 보여주는 것은 없을 것이다."[6]

아마도 대부분의 사람들은 20세기를 상징하는 역사적인 사건 중 하나로 아폴로(Apollo) 우주선의 달 착륙을 선택하는 데 큰 이견을 보이지 않을 것이다. 아폴로 달 탐사 시대의 인류 중 12명이 달 표면에 발을 내딛는 특별한 경험을 하게 되었다. 저널리스트인 앤드류 스미스(Andrew Smith)는 자신의 저서에서 그 12명의 '월면 보행자' 중 6명이 월면 보행에 의해 자신의 삶과 세상을 바라보는 관점이 영원히 변화되는 경험을 했다고 보고하였다.[7]

이러한 점들은 과학이 종교나 영성의 문제와 언제나 대

립하는 것은 아니라는 점을 보여준다. 오히려 칼 세이건이 보여준 것처럼, 편견이나 아집에 사로잡히지 않은 열린 과학적 태도는 '인간적인 인간에 관한 문제'로서의 영성 혹은 사후세계에 대한 믿음에 관한 지혜로운 고민을 촉진할 수 있다. 바로 이것이 존경받는 정신과의사이자 긍정심리학계의 구루(Guru: 스승)로 평가받는 베일런트가 『내 마음속 천국』이라는 책을 집필한 이유라고 할 수 있다.

베일런트에 따르면, 이 책의 결론적 메시지는 이미 고린도전서 13장 13절8)에 나와 있다고 할 수 있다. "그런즉 믿음, 소망, 사랑, 이 세 가지는 항상 있을 것인데, 그 중의 제일은 사랑이라." 우리가 마음속에 천국을 가지려면, 다시 말해서 영성이 이끄는 삶에 대해 전망을 하기 위해서는 무엇보다도 먼저 사랑을 받아들이고 베푸는 방법을 배울 필요가 있다. 이런 점에서 이 책은 영성에 관한 책인 동시에 사랑에 관한 책이라고도 할 수 있다.

역자로서 분명하게 밝혀두고 싶은 것이 있다. 이 책은 하버드 대학 졸업생의 삶을 평생 추적조사한 연구 결과를 바탕으로 한 것이기 때문에, 기독교 혹은 천주교와 밀접한 관계가 있는 사례들이 많이 등장한다. 하지만 기본적으로 이 책은 특정 종교인을 위해 집필된 것이 아니다. 그보다 이 책의 목적은 종교생활을 하든 그렇지 않든 간에 그리고 구체적으로 어떤 종교를 믿고 있는지에 관계없이, 영성이 이끄는 삶과 전망의 중요성에 대해 소개하는 것이다.

이 책에는 종교, 철학, 심리학 등 수많은 학술용어가 등장한다. 이 책은 전문연구자를 위한 것이라기보다는 대중을 위한 교양서의 성격을 갖고 있다. 이러한 점을 고려해 번역 과정에서 문화적인 차이로 인해 한국인에게 전달이 어려운 경우, 저자의 집필의도에서 벗어나지 않는 범위 내에서 의역(意譯)을 하였다.

마지막으로, 역자로서 한 가지 소망이 있다. 그것은 바로 독자들이 '마음속 천국'을 발견하는 기쁨을 누리고, 영성이 이끄는 삶을 살아가는 데 이 책이 조금이나마 도움이 되는 것이다.

2019년 3월 23일

김진영, 고영건

저자 서문

    천국(天國)은 우리를 매혹시킨다. 하지만 우리가 천국에 대해서 경험적으로 아는 것은 별로 없다. 전통적으로 다양한 신앙이 있는데도 불구하고 왜 천국은 우리 모두에게 그렇게도 긍정적인 의미로 다가오는 것일까? 왜 물증이 없는데도 불구하고, 천국에 가본 적이 있다고 주장하는 사람들(보통 임사체험을 통해 천국을 경험함)이 쓴 수기가 그토록 수많은 사람들에게 읽히는 것일까? 왜 사실상 모든 사람들, 심지어는 비신앙인들조차도 "천국보다 좋은 곳은 없다"라는 금언에 동의하는 것일까? "백 번 듣는 것보다는 한 번 보는 것이 더 낫다"는 점을 고려해서, 이 책 『내 마음속 천국』은 설명보다는 실화에 더 초점을 맞출 것이다. 이 책에서 필자는 하버드(Harvard) 대학교의 전설적인 성인발달연구, 일명 그랜트 스터디(Grant Study) 참여자들에게서 전향적으로 수집된 자서전적인 영성 자료와 종교적 기록들을 가지고 실제 우리 삶 속의 '천국'에서 사랑에 대한 믿음과 희망이 얼마나 중요한지를 보여주고자 한다.

필자는 '천국에 대한 아주 오래된 믿음'을 새롭게 발견한 개념인 '전망(prospection: 미래 사건에 대한 정신적 표상)'과 결합시킨다. 그리고 그렇게 함으로써 우리가 '사후세계(死後世界)'에 대해서 곰곰이 생각할 만한 가치가 있다는 점을 이해하게 된다는 것을 보여주고자 한다. 사실상 하버드의 혁신적인 성인발달연구에 평생 동안 참여한 184명의 인생사는 천국에 대한 믿음이 성공적인 삶과 유의미하게 연관되어 있다는 것을 보여준다.

최근 신경생리학의 발전에 힘입어, 전망 연구는 인간의 마음을 이해하고자 하는 접근에서 패러다임의 전환이 일어나고 있음을 보여준다. 전망이 가능한 것은 뇌가 외부 세계에 대한 '정신적 표상'을 형성하기 위해 입력되는 정보를 이미 저장된 정보와 결합시킬 수 있기 때문이다.

긍정심리학계의 석학인 셀리그만(Martin Seligman) 박사와 동료들이 2016년에 발간한 저서인 『호모 프로스펙투스(Homo Prospectus; 미래지향적 인간)』는 스키너(Skinner), 프로이트(Freud), 인지심리학이라는 과거 지향적인 심리학을 최근의 신경심리학적인 성과에 기초한 미래 지향적인 심리학으로 대체하는 동시에 현대 심리학을 혁신한다. 우리가 "지나가버린 전쟁이 아니라 다음 전쟁을 위해서 싸울 수 있게 끔 해주는 것"이 바로 전망이다.

　　필자는 하버드 성인발달연구(그랜트 스터디)를 재분석하고 전망을 연구하기 위해서 템플턴(Templeton) 연구비를 지원받았다. 혁신적인 그랜트 스터디는 1939년 이래로 건강한 남자 대학생들로 이루어진 동년배 집단(cohort)을 평생에 걸쳐 사회적으로 그리고 의학적으로 연구해왔다. 이는 전향적인(prospective) 연구로서 후향적인(retrospective) 연구와는 대조적인 것이다.[1]

　　그랜트 스터디의 연구책임자로서 필자는 세월이 흐를수록 종교생활이 증진되는지를 기록하기 위해 참여자들이 47세가 되던 해부터 시작해서 매 6년마다 종교생활의 강도와 사후세계에 대한 믿음의 정도를 질문했다. 『내 마음속 천국』은 천국에 대한 믿음과 희망의 중요성을 밝히기 위해서 참여자들의 영적이고 종교적인 기록물들을 활용한다. 간단히 말하자면, 『내 마음속 천국』은 연구 참여자들의 일생에 걸친 종교생활과 천국에 대한 전망—그리고 기대—에 관한 '역사(natural history)'를 반영한다.

1　전향적인 연구는 참여자의 미래 삶을 장기간에 걸쳐 추적해 나가는 형태로 진행되지만 후향적인 연구에서는 과거에 대한 회상을 중심으로 연구가 진행됨. 후향적인 연구에서는 기억의 왜곡 등의 문제가 나타나기 때문에 객관적인 연구가 어렵다는 단점이 존재함.

그랜트 스터디가 상대적으로 작은 규모의 집단을 연구한 것은 사실이다. 본 연구는 1920년대에 출생한 사회적으로 혜택받은, 유대인과 기독교인으로서 아주 종교적이지는 않은 184명을 대상으로 하였다. 그러나 필자가 알기로는, 본 연구는 일생에 걸쳐서 인간의 종교적 발달 과정을 전향적으로 추적한 세계 유일의 연구다. 저속촬영을 한 사진에서처럼, 모든 참여자들이 분명히 발달해 나갔다. '애벌레'가 '나비'로 탈바꿈했던 것이다. 참여자들 대부분은 더 적응적이고 유연해졌으며 더 성숙해졌고 더 개방적으로 되었다.

지난 40년 동안 독자들은 필자의 저서들에서 소개한 종단적 연구가 보여주는 그런 변화들을 대단히 흥미롭게 여겨왔을 것이다. 필자는 『내 마음속 천국』이 하버드 성인발달연구를 온전히 이해하기 위한 탐구의 또 다른 핵심 장(章)이 될 것이라고 믿는다.

감사의 글

이 책이 세상의 빛을 보게 해준 네 분의 여성에게 깊은 감사를 드린다. 첫째로 마가레트 컨(Margaret Kern) 박사는 하버드 그랜트 스터디를 활용해서 천국에 대한 믿음을 평가하자는 아이디어를 맨 처음에 제안했을 뿐만 아니라 이 책이 탄생할 수 있도록 템플턴 재단의 기금을 확보해 주었다. 또 컨 박사와 함께 애나 샐터(Anna Salter) 박사는 한 페이지씩 세심하게 교열작업을 해주었다. 셋째로 정신건강의학과 의사인 내 아내 다이앤 하이앰(Diane Higham)은 제목을 고안해주었고 영적이고 신학적인 이슈들을 다루는 데 많은 도움을 주었으며 주의깊은 교열작업도 해주었다. 마지막으로 케이트 맥스웨인(Kate McSwain)은 한 사례마다 600쪽에 달하는 그랜트 스터디의 사례사 40개를 정독하고 이 사례들의 종교적 전기(傳記)를 요약해주었다. 이 네 여성분들은 이 책의 공저자나 다름없다.

이 책이 만들어지는 데 결정적인 도움을 주신 분이 두 분 더 있다. 첫째로 펜실베이니아대학교 긍정심리학센터의 센터장인 마틴 셀리그만(Martin Seligman)이다. 그는 영국 캔터베리에서 전망에 관한 회의를 주최하고 진행했는데, 그의 아이디어들이 이 책의 탄생에 중대한 역할을 했다. 둘째는 데이비드 예이든(David Yaden)으로 전망의 신경생물학에 조예가 깊은 그가 이 책의 원본을 기꺼이 검토해 준 것이 특히 귀중한 도움이 되었다. 그랜트 스터디와 그 풍성한 수확은 윌리엄 그랜트(William T Grant)의 관대함과 비전, 그리고 나의 동료인 로빈 웨스턴(Robin Western)의 지난 20년에 걸친 노고와 충실함이 있었기에 가능했다.

마지막으로, 존 템플턴경(Sir John Templeton)과 그 가문의 비전, 영감, 관대함이 없었다면 이 책이 완성될 수 없었을 것이라는 점은 너무나 자명하다. 마틴 셀리그만에게 지원된 존 템플턴 재단의 기금 '전망 심리학 2단계: 연구 경쟁'이 있었기에 이 책이 세상의 빛을 볼 수 있었다. 이 책에 담긴 견해는 필자의 견해일 뿐이며 존 템플턴 재단의 견해를 반영하는 것은 아니라는 점을 밝혀둔다.

차 례

서 론

정신건강의학과 의사인 내 아내 다이앤 하이앰과 나는 펜실베니아(Pennsylvania) 대학교 긍정심리학센터의 센터장인 마틴 셀리그만이 주최하고 템플턴 재단이 후원한 콘퍼런스에 초청 받으면서 '전망 혹은 미래의 소환' 프로젝트에 참여하게 되었다. 그 초청은 아래 문구로 시작한다.

> "전망, 즉 가능한 미래에 대한 내적인 표상은 인간 마음의 보편적인 특징이다."[1)

전망에 관한 콘퍼런스는 2013년에 캔터베리 대성당에서 개최되었다. 셀리그만 박사와 그의 연구팀은 종교와 영성에 의해서 '미래로 이끌려지는 것'의 역할을 명료하게 규명하기를 바랐다. 그 콘퍼런스에 초청받은 것을 계기로 우리 부부의 마음속에는 '천국'이 분명하게 각인되었다. 그 콘퍼런스는 우리 모두에게 전망이라는 개념의 중요성을 깨닫게 해주었다.

이 책 『내 마음속 천국』은 '사후세계를 전망하는 것'에 관한 경험적 연구이며 캔터베리 콘퍼런스의 직접적인 산물이다. 여기에는 두 사건이 기여한 바가 크다. 첫째, 켄터베리 콘퍼런스 후에 템플턴 재단은 전망에 관한 연구를 위해서 연구비를 지원하겠다고 결정했다. 군사적 승리처럼 생물학적 생존은 미래 지향성에 달려 있다. 작년의 전쟁이 아니라 내년의 전쟁을 계획해야 한다는 것이다. 그러나 아주 최근까지 그 누구도 뇌가 전망을 위해서 설계되어 있다는 신경생리학적인 증거를 보여주지는 못했다.2) 윌슨(E. O. Wilson)에 따르면, "자연선택은 세상에서 생존하기 위해 오직 우연의 형태로만 이해하는 것이 가능한 뇌를 만들었다. …… 과학자가 해야 할 일은 오배열을 진단하고 교정하는 것이다."3) 이것이 바로 템플턴 재단의 목적이었다. 즉 어떻게 전망이 우리로 하여금 '세상 속에서 생존할 수 있도록' 돕는지를 이해하는 것이다. 그러한 생존은 지금 여기에서의 삶뿐만 아니라 인류의 사후세계에 대한 불굴의 전망이 가질 수 있는 효용성도 포함한다.

이 책을 탄생시킨 두 번째 사건은 그랜트 스터디라고 알려진 하버드 성인발달연구의 생존자들이 90세를 넘겼다

는 사실이다. 이 사건은 세계 최초로 그랜트 스터디가 영적
발달에 관한 전향적인 평생 기록을 사용할 수 있게 해주었
다![예를 들어, 성 어거스틴(St. Augustine)의 자서전 같은 영적인 자
서전들은 후향적으로 작성된 것이다. 중요한 통찰을 제공하고 있기는
하지만, 인간의 기억에는 종종 오류가 있다.]

그랜트 스터디는 1939년에 하버드 대학의 건강한 2학
년생들의 특징을 조사하는 연구로 시작되었다. 본 연구는
그들이 사망하거나 95세가 될 때까지 지속되었다.[4] 그들의
사회적 발달과 신체적 발달을 측정하기 위해서 2년마다 설
문을 실시하였고 5년마다 신체검사를 하였으며 약 15~20
년마다 인터뷰를 하였다. 본 연구는 세계에서 가장 오랫동
안 대대적으로 인간에 대한 사회적−의학적 추적조사를 진
행한 연구라고 할 수 있다.

대학교 2학년 때 참여자들은 가족의 종교적 배경, 참여
자의 현재 종교, 그리고 사후세계에 대한 믿음에 관한 질문
에 답했다(부록 I 참조). 50년 전부터 나는 참여자들에게 종교
생활의 강도와 사후세계에 대한 믿음의 정도를 질문하기
시작했다. 나는 지난 50년간 동일한 질문을 6번 반복했다.
템플턴 기금 덕분에 마가레트 컨 박사와 나는 그랜트 스터
디의 참여자들로부터 천국에 대한 전망의 진화를 반영하는
75년에 걸친 종단적 자료를 획득할 수 있었다. 이 책에서

나는 성인발달에 관한 그랜트 스터디의 참여자들로부터 전향적으로 수집된 영적이고 종교적인 전기를 통해 실제 삶에서 '천국에서의 사랑을 희망하는 것'이 얼마나 중요한지를 보여주고자 한다.

물론 75년이 흐르면서 어느 정도 자료손실이 있었던 것이 사실이다. 본 연구에 참여했던 268명 중에서 41명이 67세 이전에 사망했다(이 경우에는 종교생활의 강도에 대한 질문에 적어도 3번은 답했을 것이다). 또 18명은 중간에 그만 두었다. 그리고 25명은 종교 관련 질문에 답을 하지 않았다. 이렇게 해서 우리 연구의 표본에는 총 184명이 포함되었다(부록 II 참조). 시간이 흐르면서 일부 참여자들은 과거보다 더 종교적으로 되었고 다른 일부는 덜 종교적으로 되었다. 많은 경우 변화가 나타나지 않았다. 원래 나는 갤럽에서 실시하는 조사처럼 연구들이 정확하다고 생각했다.5) 갤럽에 따르면, 우리는 나이가 들어갈수록 더 종교적으로 된다고 한다. 그 가설이 정서적 성숙의 경우에는 사실인 것처럼 보이지만 영성의 경우에는 그렇지 않은 것으로 보인다. 우리의 전향적 연구에서 참여자들이 종교생활에 참여하는 정도는 나이와 더불어 증가하지 않았다. 종교생활의 강도가 증가한 참여자도 있었지만 마찬가지로 감소한 참여자도 있었다(세부사항은 부록 III 참조). 지난 세월 동안 연구 참여자들 중 6분의

1이 사후세계에 대한 믿음을 고수했고 3분의 1은 확신을 가지지 못했다(부록 IV 참조). 전국 표본을 대상으로 한 조사는 사후세계에 대한 믿음을 가진 사람들의 비율이 사회적으로 편향된 하버드 표본보다 더 높다는 것을 보여준다. 반복적으로 인정하겠지만 우리 연구의 주요한 제한점은 표본 선택의 편협성이다.

1장

왜 우리는 천국에 관심을 가져야 하는가?

그러므로 너희는 이렇게 기도하라;
'하늘에 계신 우리 아버지여
이름이 거룩히 여김을 받으시오며
나라가 임하시오며
뜻이 하늘에서 이루어진 것 같이
땅에서도 이루어지이다.'
─마태복음 6장 9절-10절(KJV)

  전망이 가능한 것은 뇌가 외부 세계에 대한 '정신적 표상'을 형성하기 위해서 기존의 저장된 정보와 새로 입력되는 정보를 결합할 수 있기 때문이다.[1] 과거 사건에 대한 정신적 표상은 기억이고, 현재 사건에 대한 정신적 표상은 지각(知覺)이며, 미래 사건에 대한 정신적 표상은 전망이다.

미래의 사건이 생존에 미치는 결과를 예측하는 한 가지 방법은 그것을 시뮬레이션해보는 것인데, 그 과정에서 뇌의 전두엽이 결정적인 역할을 한다. 전전두 피질에 손상이 있는 환자들은 순간의 시공간에 갇혀있는 것처럼 묘사된다. 그런 사람들은 미래의 사건을 시뮬레이션할 수 없는 것처럼 보인다. "당신이 죽은 뒤에 어떤 일이 일어날까요?"와 같은 어려운 질문은 말할 것도 없고 "내일 무엇을 할 것인가요?"와 같은 간단한 질문에도 대답하기 어려워한다. 뇌영상 연구들은 전전두 피질과 복측 측두엽 둘 다 전망에 의해서 강하게 활성화된다는 것을 보여준다. 흥미롭게도 이 영역들은 뇌가 다른 과제들에 특별히 관여하고 있지 않을 때에도 활성되는 '디폴트 네트워크'[1]의 일부분이다.[2]

다시 말해서, 인간 마음이 현재에 대해서 숙고하고 있거나 과거에 대해서 반추하고 있지 않다면 디폴트 상태는 미래에 대해서 전망하는 것이라고 할 수 있다. 간단히 말해서, 우리의 뇌는 창조적으로 희망하는 것 — 이전에는 없었던 통찰을 구성하는 것 — 을 배운다. 셀리그만과 동료들이 언급

---

1 아무런 인지 활동을 하지 않을 때 활성화되는 뇌의 특정 부위들을 디폴트 모드 네트워크라고 함. 스트레스 받을 때, 지루할 때, 혼란스러울 때, 졸음이 몰려올 때 이 네트워크가 작동함. 이것은 휴지 상태 네트워크(rest state network)라고도 불리며 평상시의 인지 과제 수행 중에는 서로 연결되지 못하던 뇌의 각 부위를 연결시켜주어 창의성과 통찰력을 높여주기도 함.

했듯이, "인간이란 존재는 가능한 미래를 시뮬레이션하고 평가하기 위해서 과거를 대사(代謝)시킨다. 그 결과 신진대사가 그렇듯이 이전에는 없었던 무엇인가를 만들어낸다. 이는 인간이라면 피할 수 없는 보편적인 과정이다…… 이 새로운 틀은 심리학과 신경과학에서 이러한 추정들이 가장 선도적이고 핵심적인 위치에 자리 잡도록 해준다."3)

전망에서 전두엽 영역이 결정적인 역할을 한다는 사실은 미래의 사건을 시뮬레이션할 수 있는 다른 동물은 거의 없을 것이라는 점을 암시한다. 동물의 왕국에서 우리와 가장 근접한 동물조차도 '시간에 속박'되어 있다. 사실상, 미래를 상상하는 능력은 서너 살이 될 때까지 인간 아이에게서조차도 나타나지 않는다. 전망은 언어처럼 복잡한 지적 능력이 꽃핀 다음에도 한참이나 더 지나서야 나타나게 된다. 즐거운 "미래 사건들은 피질하(변연계2) 보상 구조를 활성화시킨다. 고통스러운 미래 사건에 대한 시뮬레이션은 공포와 불안을 야기하는 뇌 영역인 편도체를 활성화시킨다."4)

나아가 우리는 사회적인 동물이기 때문에 이 미래에 대한 희망은 타인을 내면화하고 공감할 수 있게 해준다. 진화론적 관점에서 보자면, 전망 덕분에 우리는 사건들에 반응

---

2 대뇌피질과 시상하부 사이의 경계 부위에 위치한 일련의 구조물들(해마, 편도체, 중격, 변연엽 등)로 이루어져 있으며 동기와 정서를 주로 담당하는 것으로 알려짐.

하는 우리 자신과 다른 사람들의 정서적 상태를 포함해서 미래의 대안적인 사건들로부터 비롯된 결과를 시뮬레이션할 수 있다.

나는 지금까지 이 책의 배경을 설명했다. 하지만 독자는 왜 존경받는 사회과학자가 천국에 관심을 가져야 하느냐고 의아해할 수도 있을 것이다. 내 생각에는, 우리 모두의 마음속에는 성취할 수 없다 하더라도 '상상할 수조차 없는 완전함'에 대한 희망이 지속되기 때문인 것 같다.

천국과 사후세계에 대한 전망은 우리가 마음속 희망과 감사에 초점을 맞출 수 있도록 해준다. 이는 특정한 종교를 믿지 않는다고 주장하는 사람들의 경우에도 마찬가지일 것이다. 아주 다양한 종교가 있음에도 불구하고, 천국은 우리 모두에게 긍정적인 의미를 가지고 있다. 물증이 없는데도 불구하고 대개 임사체험(臨死體驗)을 통해서 천국에 가본 적이 있다고 주장하는 사람들이 쓴 수기가 수백만의 독자를 사로잡는 베스트셀러가 된다. 그리고 사실상 모든 사람들, 심지어는 비신앙인들조차도 '천국보다 좋은 곳은 없다'라는 금언에 동의한다.

그렇다면 어째서 우리는 우리 마음속에 천국을 간직하고 있는 것일까? 그 이유들을 한번 살펴보자. 첫째, 다시 얘기하자면 우리 모두의 마음속에는 '성취 불가능한 것일지라

도 상상조차 할 수 없는 수준의 완전함'에 대한 끊임없는 희
망이 존재한다. 역사는 과거에 관한 것이다. 반면에 스토리
텔링은 미래에 관한 것이다. 스토리텔링의 힘은 호머(Homer)
나 구약성서의 저자들이 쓴 내용이 모두 진실이라고 우리
에게 설득시키기 위한 것이 아니다. 스토리텔링은 우리가
전망하고 예상하며 직관을 발휘하고 영감을 받을 수 있도
록 해준다. 미래 지향적인 스토리텔링처럼 천국은 우리가
미래에 이끌리도록 함으로써 과거와 현재를 초월해 상상조
차 할 수 없는 미래를 창조할 수 있도록 해준다.

둘째, 천국은 우리를 매혹시킨다. 성경으로부터 단테
(Dante)에 이르기까지, 돈 파이퍼(Don Piper)의 『천국에서의
90분』으로부터 에븐 알렉산더(Eben Alexander) 박사의 『천국
의 증거, 신경외과의사의 사후세계로의 여행』에 이르기까
지 여러 베스트셀러는 관심이 많은 독자에게 천국이 어떤
곳인지에 대해 들려주었다. 우리의 가장 큰 꿈과 욕망을 압
축하고 있는 또 다른 삶에 대한 비전은 상상력에 불을 붙
인다.

셋째, 천국에 대한 '믿음(faith)'은 '신념(belief)'과는 다르
다. 반대론자들은 "나는 천국을 믿지 않는다."라고 단언한
다. 하지만 본질은 그것이 아니다. 거기에는 인지적인 신념
에는 존재하지 않는 신뢰(trust)와 본능적인 특성 그리고 믿

음에 대한 진지함이 있다. 우리가 사후세계에 대해 구체적인 '신념을 갖고 있지 않다'고 하더라도 우리는 가슴속에 천국에 대한 믿음을 가지고 있다. 신념은 인지(認知)다. 하지만 믿음과 신뢰는 정서(情緒)다. 인간의 진화는 실제로 두 개의 뇌로 이루어진 뇌를 만들어냈다. 하나는 호모사피엔스 뇌다. 이 뇌는 우리가 말하고 생각하며 분석하고 전망할 수 있도록 해주며 믿음을 '대중의 아편'이라고 부른다. 또 다른 하나는 포유류의 변연계 뇌이다. 이 뇌는 우리가 느끼고 감정을 표현하며 천국이 존재한다는 것을 '그냥 알 수 있도록 해준다.' 이 두 개의 뇌가 서로 분리되어 있는 경우 전체 뇌는 제대로 기능할 수 없다. 과학과 열정은 손에 손을 잡고 사이좋게 걸어야 한다. 포스터(E. M. Forster)는 그의 소설 『하워드 가(家)의 종말』에서 "오직 산문과 열정이 연결되어야 비로소 둘 다 고양될 것이며, 인간의 사랑을 그 절정에서 볼 수 있을 것이다."라고 주장한다.[5] 정서가 결여된 이성은 무기력할 것이다. 이성이 결여된 정서는 맹목적인 것이 될 것이다. 에모리(Emory) 대학교의 훌륭한 인류학자인 멜빈 코너(Melvin Konner)에 의하면, 안와전두피질(orbitofrontal cortex)은 "감정과 사고의 교차로로서 고대의 변연계 뇌와 위대한 인간 컴퓨터인 신피질이 만나는 곳이다."[6]

넷째, 희망과 천국은 사실상 동의어다. 낙관성과 마찬

가지로 희망은 삶에 적응하는 데 매우 중요하다. 하지만 낙관성은 희망만큼 중요하지는 않다. 위대한 미국 극작가인 유진 오닐(Eugene O'Neill)이 쓴 것처럼, "인간의 희망은 삶에서 가장 위대한 힘이며 죽음을 무찌를 수 있는 유일한 것이다."[7] 누구도 유진 오닐을 낙관성보다 희망을 앞세웠다고 해서 비난하지는 않을 것이다. 다시 말하지만, 신념과 낙관성은 우리 머릿속에 있지만 희망과 신뢰는 우리 가슴속에 있다.

다섯째, 천국에 대한 전망은 우울증에 대한 생득적인 해독제 혹은 방어벽이다. 주요우울장애는 전망이 빗나간 것이다. 미래는 돌이킬 수 없이 심하게 암울해 보인다. 정신적으로 건강하다면, 우리는 마음의 눈이 "천국보다 좋은 곳은 없다."라는 확신과 감사를 향하도록 한다.

마지막으로, 천국에 대한 믿음은 그랜트 스터디 참여자들이 보다 더 성공적으로 나이들 수 있도록 해주었다. 사후 세계에 대한 믿음을 고수했던 참여자들은 2개의 준거로 구성된 성공적인 노화의 측정에서 유의하게 더 높은 점수를 얻었다. 첫 번째 준거는 80세까지 양호한 건강을 유지하는 것이었다(부록 V 참조).[8] 이 준거의 충족요건은 참여자가 81세 생일에도 주관적으로 그리고 객관적으로도 양호한 신체적 건강을 유지하는 것, 80세까지 알코올중독, 우울, 만성불안, 사회적 고립이 없는 상태인 것, 그리고 마지막으로 삶의 여러 측면에서 주관적인 즐거움을 누리는 것이었다.

60세부터 80세에 사이에 정신적 번영(flourish)을 유지하는지 여부를 평가하는 두 번째 측정은 '10종 경기'였다(부록 VI참조).[9] 처음의 2가지 '종목'은 직업적 성공인데, 하나는 60세까지 미국 인명사전에 들어가는 것이고 다른 하나는 그랜트 스터디 표본의 상위 25% 안에 들어가는 수입을 버는 것이다. 내가 엘리트주의처럼 보이는 첫 번째 준거를 선택한 이유는 그랜트 스터디 참여자들의 거의 대부분이 고위 전문직에 종사했는데 그들 안에서 성취 수준을 구별할 수 있는 증거물이 필요했기 때문이다.

다음의 4가지 종목들은 정신건강과 신체건강을 보여준다. 인생의 문제를 다루기 위해서 심리치료를 받거나 삶의 고통을 해소하기 위해서 진정제를 사용해본 적이 전혀 없는 참여자들은 '심리적 고통'이 낮은 것으로 평가되었다. 다음 종목에서는 65세에서 80세 사이에 일, 사랑, 놀이를 얼마나 즐기는지를 측정했다. 다섯 번째 종목은 75세 이후에 신체적인 활동이 별로 줄어들지 않는 것이었다. 여섯 번째 종목은 부록 V에서 사용되었기 때문에 천국에 대한 믿음과 10종 경기 간 연관성을 확인하기 위한 통계적 유의성을 계산하는 데에서는 제외되었다.

마지막 4개의 종목은 좋은 관계를 평가한 것이었다. 그 첫 번째는 에릭슨의 생산성(즉, 자신의 자녀 외에 청소년들과 성인들을 공감적으로 양성하는 능력)을 성취하는 것이었다. 나머지 3개 종목들은 노후의 행복한 결혼생활, 노후의 친밀한 부모자녀 관계, 그리고 60세에서 75세 사이의 좋은 사회적 지지(친구, 절친한 친구, 같이 취미생활을 할 수 있는 사람 등등)였다. '행복한 결혼생활' 여부는 배우자와 자녀들의 확인을 통해 결정되었다. 하지만 성공적인 노후를 이해하는 데 있어서 내가 '하지 말아야 할 것을 한 죄'와 '해야 할 일을 하지 않은 죄'가 마음에 걸리기 때문에 나는 독자들이 '10종 경기'에서 성공하는 것이 웬만한 대안보다 더 낫다는 데 동의해 주기를 바라고 있다.

나는 노후에 정신적인 번영을 보이는 참여자가 사후세계에 대한 믿음을 가지고 있을 가능성이 유의하게 크다는 것을 제시했다. 예를 들어, '10종 경기'에서 하나도 이기지 못했던 15명 중 12명이 사후세계를 믿지 않았다. 대조적으로, 정신적 번영을 위한 10종 경기에서 적어도 6개를 이겼던 10명 중 9명이 사후세계를 믿었다. 사후세계에 대한 믿음과 60세에서 80세 사이에 정신적으로 번영된 삶을 사는 것 간 정적인 상관[3]을 나타내는 것이 우연에 의해 발생할

---

3 상관은 두 변인이 긴밀한 관계를 맺는 정도를 말함. 상관은 두 변인의 특

확률은 100분의 1에 불과했다! 부록 V가 보여주듯이, 좋은 건강과 천국에 대한 믿음 간 정적인 상관이 우연에 의해 발생할 확률은 20분의 1보다 낮았다. 물론 조심해야할 점은 있다. 상관과 인과관계는 다른 것이다. 어쩌면 10종 경기에서 두각을 나타내는 동시에 천국의 자애로운 신을 믿는 사람이 사랑을 가장 잘 받아들인 것일 수도 있다. 그런 사람들은 사랑이 없는 미래를 생각할 수조차 없었을 것이다. 이러한 문제들에 관해서는 후속되는 장들에서 살펴볼 것이다.

성에 따라 정적(正的) 혹은 부적(負的)인 방향을 가질 수 있음. 상관은 −1에서 +1 사이의 범위를 가지며, 어느 방향이든 상관 값이 클수록 관계성의 강도가 큰 것으로 해석됨.

2장

왜 우리는 전망에 관심을 가져야 하는가?

정서적인 토대를 갖춘 전망 능력만이 어떻게 인간이 직관적이면서 동시에 도덕적인 존재가 될 수 있는지를, 다시 말해서, 어떻게 우리가 무엇이 옳은지를 알게 되는지를 그리고 어떻게 우리가 옳은 일을 실행할 수 있도록 해주는 동기와 그 가능성에 대한 지적인 맵핑을 갖게 되는지를 이해할 수 있는 믿을만한 근거를 제공해줄 수 있다.

『호모 프로스펙투스(Homo Prospectus: 셀리그만과 동료들, 2016)』[1]

전망은 본래 정서적이면서 인지적이다. 전전두엽 피질(prefrontal cortex)이 전망의 인지적 측면을 담당한다면, 희망은 변연계[4]가 담당한다. 희망은 인지적인 전망과 대비되는

---

4 변연계(limbic system)는 인체의 기본적 감정과 욕구 등을 관장하는 대뇌의 신경계임.

정서에서의 상응물이다. 희망은 우리가 다른 포유동물에서 인간으로 나아갈 수 있게 해준 진화론적 진보를 반복할 수 있게 해준다. 우리에게는 변연계 속에 담겨 있는, 과거에 대한 서정적이고 애정 어린 기억을 미래의 '기억'에 연결시킬 수 있는 능력이 있기에 희망이 존재할 수 있다. 이러한 능력은 가장 최근에 진화한 전두엽 내에서 일어나는 것이다. 전두엽은 호모사피엔스를 다른 영장류로부터 가장 분명하게 구분 짓는 해부학적 특징이다. 오직 통합된 뇌만이 농사가 정말로 가능하다는 것, 즉 황량한 봄에 뿌려진 씨앗이 가을에 열매를 맺는다는 희망을 가질 수 있으며, 그런 희망이 있을 때에만 우리는 실천할 수 있다. 바로 이것이 희망이 만들어내는 차이다.

틀림없이 우울은 전망이 잘못된 방향으로 간 것이다. 전망은 분별력이 없는 사람들이 과거의 불행에 초점을 맞추고 그것을 미래에 투영시키도록 한다. 인지행동치료의 성공은 임상가가 내담자로 하여금 미래를 다시 구성하도록 돕는 데 달려 있다.

나는 바로 우리 종족의 끊임없는 성숙 덕분에 초기의 호모사피엔스가 유용한 물건들을 무덤에 같이 매장하고 삶 혹은 적어도 기억이 죽음을 넘어서 존재할 수 있다는 희망을 입증한 첫 번째 포유동물이 되었다고 생각한다. 사실 과거보다 잠재적으로 더 나은 '미래를 기억하고' 희망하는 호모사피엔스의 능력은 '그 전에는 없었던 것을 세상 속으로 가져오는' 놀랍도록 창의적인 변화와 밀접한 관련이 있다. 이처럼 희망적인 전망 덕분에 15만 년 전 구석기 시대에 도구가 만들어지기 시작했고 오늘날 컴퓨터와 로봇공학도 탄생할 수 있었다.

성공적으로 사냥하고 채집하기 위해서라면 단지 작년에 어디에 먹을 것이 많았었는지를 기억하기만 하면 된다. 과거에 대한 그런 기억으로 무장했던 네안데르탈인은 40만 년 동안 똑같은 석기시대 도구를 만들고 똑같은 열매와 뿌리를 찾아내 생존할 수 있었다. 하지만 어느 시점에서인가 변화가 일어났다. 동아프리카 지역의 호모사피엔스가 무언가 새로운 것을 찾을 수 있다는 희망 속에서 전망하고 실험하는 법을 깨닫게 된 것이다. 우리의 호모사피엔스 조상은 뼈를 가지고 바늘과 낚시 바늘을 만들었고 황토로 동굴 벽에 그림을 그렸으며 불임이 된 자궁이 다산할 수 있도록 만들기 위해서 상아로 다산의 여신을 조각했다. 다시 말해서, 창의적인 낚시꾼, 샤먼, 동굴예술가가 되기 위해서는 이전에는 없었던 무엇인가를 세상에 내놓아야 했던 것이다. 그러한 능력은 우리의 전두엽이 발달함으로써 시작된 것이며 오늘날에도 계속해서 우리가 앞을 향해 나아가도록 한다.

전망이 더 잘 발달하는 사람도 있고 그렇지 않은 사람도 있다. 따라서 미래를 더 잘 예측해서 결과적으로 행동을 잘 조율할 줄 알게 되는 진화적인 진보와 정신적 능력은 자연선택에서 커다란 이득을 가져올 수 있을 것이다. 예를 들어, 전망의 한 측면인 정서적 예상(affective anticipation)이라는 비자의적(非恣意的)인 적응기제는 미래의 위험에 대한 정서적 평가치를 의식 속으로 가져오는 능력을 제공한다.[2] 그러한 예상은 미래의 위험을 지각하고 그에 대비하기 위한 계획을 세워서 그 위험을 성공적으로 피하거나 직면해서 골칫거리를 제거해 버리는 능력 덕분에 가능한 것이다. 사실, 평화봉사단 단원들 중에서 미래에 누가 성공할지를 더 잘 예측한 것은 현재 심리검사 상에서 나타난 정서적 안정성이 아니라 미래의 불안을 그려볼 줄 아는 능력이었다.[3] 정서적 예상을 가장 많이 사용한 19명의 그랜트 스터디 참여자들 모두는 자신의 일을 대단히 즐겼으며 정신과 의사를 한 번도 찾아간 적이 없었고 오직 한 명만이 일 년 동안 닷새만 병가를 냈을 뿐이었으며 4명을 제외하고는 모두 행복한 결혼생활을 했다.[4] 미래를 전망하고 그에 따라 행동을 조정하는 정신적 능력은 이렇게 자연선택에서 유리한 이점을 제공한다.

혁신적인 저서 『호모 프로스펙투스』의 서문에서 저자

들은 몇 가지 의미심장한 질문을 던진다.5) "만약 임상적 장애의 치료가 과거 갈등을 해결하려는 노력에 관한 것이라기보다는 미래를 마주하는 방법을 변화시키는 것에 관한 것이라면 어떨까? 만약에 정신이 지식의 창고가 아니라 예측의 엔진이라면? 간단히 말해서, 만약 우리가 과거에 의해서 좌우되는 것이 아니라 미래 속으로 이끌려지는 것이라면?" 프로이트와 스키너가 비통해할 것이다!

전망은 새 것과 낡은 것을 합쳐서 한 개인이 이용할 수 있는 모든 정보를 활용한다. 오래된 것과 가능한 것에 대한 창의적인 표상들을 종합하는 것이다. 이는 우리의 거대한 전두엽이 산출하는 필연적인 결과물이다. 우리를 지혜롭게 만드는 것은 그러한 종합이지 뇌 용량이 아니다. 순전히 크기만 놓고 보면, 네안데르탈인의 뇌는 다른 인류와 같거나 오히려 큰 수준이다. 하지만 네안데르탈인의 뇌는 조직화가 덜 되어 있다. 호모사피엔스가 이전에는 없었던 것을 세상 속으로 가져올 수 있었던 것은 언어의 획득과 문화혁신 덕분이었다.

실효성이 있으려면 전망에는 동기시스템이 필요하다. 이 시스템은 동기적인 힘을 현재로부터 상상했던 미래의 이득과 비용으로 전환시킬 수 있다. 이것은 단순한 충동이 아니라 오히려 우리가 창조해낸 이미지들이 유용한 변화를 가져올 수 있다는 가능성 때문에 실천이 이루어진 것이다. 희망은 가능성을 현실로 만들어가는 동기시스템을 제공한다.

전망과 마찬가지로 희망5은 단순한 소원을 담은 생각과는 구분되어야 한다. 소원은 말에 해당되며 좌뇌에 뿌리를 두고 있다. 별을 바라보며 소원을 비는 데에는 아무런 힘도 들지 않는다. 반대로, 희망은 이미지들로 만들어지며 우뇌에 뿌리를 두고 있다. 빅터 프랭클(Viktor Frankl)이 우리에게 상기시킨 바와 같이,6) 희망은 엄청난 노력을 필요로 한다. 희망에는 목표를 세우고 다양한 길을 파악하며 그 비전이 이루어질 수 있게 하는 주체를 보존하는 것이 필요하다.7) 소원과 달리, 희망에는 실제로 삶을 조형해가는 능력이 있다. 희망은 우리에게 실현가능한 긍정적 미래를 상상할 수 있는 능력과 그 미래를 실현시키는 능력이 있기에 가능한 것이다. 단지 소원을 비는 것은 수동적이고 인지적이며 우리를 취약하게 만들 소지가 있는 반면에 희망은 정서적이고 활력을 주며 우리를 강하게 만들어 준다.

또 희망은 긍정적으로 생각하는 것 이상의 것이다. 희망은 장밋빛 이미지에 근거한 미성숙한 이해가 아니라 뿌

---

5 성경번역본에서는 'hope'를 소망으로 번역하고 있으나 심리학에서의 용례에 따라 이 책에서는 'hope'를 희망으로, 'wish'를 소원으로 번역하였다.

리 깊은 성숙함에서 우러나는 것이다. 저명한 정신건강의학
과 의사인 칼 메닝거(Karl Menninger)는 "우리가 발달시키는
희망이야말로 성숙함의 척도다."8)라고 주장하기까지 했다.

신경과학은 정서적인 변연계가 단순히 전망의 동기적
이고 통합적인 측면을 넘어서서 본질적으로 전망을 추진시
키는 주체라는 점을 보여준다. 정서의 우월성에 관한 로버
트 자욘스(Robert Zajonc)의 선구자적인 작업 이래로, 정서는
심리학 분야의 변방에서 정신과 뇌에 대한 이해의 중심으
로 옮겨왔다.9) 정서는 가치를 계획과 행위로 전환시킨다.
스키너는 정서를 휴머니스트의 상상의 '산물'이라고 했지만
현대에 와서는 정서를 현실의 중심부에 놓고 본다.10) 슬로
빅과 동료들은 분석적인 추리가 감정과 정서에 의해서 인
도되어야만 효과적일 수 있다는 점에 주목한다.11) 이는 스
키너의 입장과는 정반대되는 것이다.

1940년 옥스퍼드영어사전에는 공감이라는 말이 없었고
정신건강의학과 용어집에는 자폐증이라는 진단명도 없었
다. 최근 뇌의 변연계 섬(insula)에서 발견된 거울세포는 뇌
의 진화와 더불어 우리의 정서 및 인지적 진화를 보여주며
마침내 우리가 공감이 어떻게 작용하는 지에 대해서 이해
하게 해준다.12) (이것에 관해서는 이 책의 마지막 장인 '영성을 위
한 우리의 능력은 진화하는가?'에서 더 자세히 다루게 될 것이다.)

공감의 광범위한 발달은 자신의 삶에 대해서든 타인의 삶에 대해서든 정확하고 효과적인 전망을 하는 데 필요한 학습능력의 본질적인 부분이다. 또 이런 발달은 미래지향적인 생각을 현재 삶 속에서 행위로 전환시키는 데 필요한 학습능력의 본질적인 부분이기도 하다.

공감은 정서지능(emotional intelligence; EQ)의 핵심이다. 더 효과적으로 공감할수록 관계를 더 잘 모델링하고 예측할 것이다. 우리가 미래를 완벽하게 예측할 수는 없을지라도 다른 사람들과 조화롭게 상호작용할 수 있으려면 사람들이 우리에게 보이는 사회적 반응에 공감할 줄 알아야 한다. 이것은 틀림없이 우리의 거대한 전두엽이 이루어내는 중요한 성과 중 하나일 것이다.

최근의 연구 성과에 따르면, 이러한 진화에서 뇌의 변연계(감정적 뇌)는 결정적인 역할을 한다. 미시간(Michigan) 대학교의 철학자인 피터 라일톤(Peter Railton)은 다음과 같이 지적하고 있다. "21세기 초반은 도덕철학에서 믿을 수 없을 정도로 흥분되는 시기다. 마음과 마음의 작용에 대한 이해가 증진됨으로써 혁신이 일어나고 있기 때문이다. 흔히 도덕적 판단이 본질적으로 회고적이고 역사의 진보에 반하는 것으로 간주되지만 우리는 전망이 도덕심리학의 새로운 시대에서 가장 중요한 이슈로 부각될 것이라고 믿는다."13) 라일톤은 덕이 느낌과 행위에 관한 것이라고 보는 아리스토 텔레스에게 동의한다. 만약 누군가가 적시에 적절한 일에 대해서 적합한 사람들을 향해서 적절한 목적을 가지고 적 절한 방식으로 느끼려면, 공감 즉 다른 사람의 마음에서 무 슨 일이 일어나고 있는지에 대한 전망이 필수적이다.

간단히 말해서, 신경과학 분야의 최근 연구는 신피질이 아니라 정서체계가 어떻게 우리로 하여금 동시에 여러 갈 래의 경우의 수를 미리 고려할 수 있게 하는지에 대해서 새 롭게 이해할 수 있게 해준다. 이 정서체계에는 도덕적 요소 가 가미된 정서적 능력이 있으며 이를 통해 우리는 직관적 인 존재인 동시에 도덕적인 존재가 될 수 있다.

스키너와 프로이트, 그리고 수많은 다른 학자들은 과거 가 미래를 결정한다고 주장했다. 그런 견해가 지난 세기의 심리학적 연구와 활동을 주도했었다. 학문적 심리학에 있어 서『호모 프로스펙투스』의 출간은 주요한 패러다임의 전환 을 반영한다.14) 전망은 더 이상 우리의 과거가 미래를 규정 짓지 않도록 해준다. 그 대신 우리의 미래가 어떻게 될지에 대한 우리의 상상이 미래를 창출할 수 있도록 해준다.

불행히도, 우리의 템플턴 기금의 주제인 천국은『호모 프로스펙투스』의 저자들인 셀리그만, 라일톤, 바우마이스 터(Baumeister), 그리고 스리파다(Sripada)가 관심을 가졌던

주제는 아니었다. 하지만, 바우마이스터는 위대한 사회심리
학자인 케릴 러스벌트(Caryl Rusbult)에 관한 일화를 언급하
고 있다. 그녀는 자신이 곧 죽을 것이라는 것을 알고 있었
다. 그녀는 자신의 연구 분야에서 영향력이 있었던 공포관
리이론(TMT; Terror Management Theory)[15]을 상당히 잘 알고
있었다. 프로이트 및 기독교의 이론과는 대조적으로, 공포
관리이론에서는 우리가 죽음에 대한 생각을 피하기 위해서
라면 무엇이든지 할 수 있다고 제안한다. 바우마이스터에
따르면, "갑자기 그녀는 휙 돌더니 말했다. '그런데 말이죠,
공포관리이론은 순전히 엉터리예요. 만약 당신이 죽음을 맞
닥뜨리게 되면, 문화적 가치를 지키는 것은 중요하지 않아
요. 중요한 것은 당신이 사랑하는 사람들과의 관계를 바로
잡는 것이에요.'"[16]

3장

전망과 사후세계에 대한 믿음[6]

천국에 대한 믿음은 우리의 마음이 가장 아름답고 가장 사랑스러우며 가장 정의롭고 가장 진실된 것의 근본적인 본성에 초점을 맞추게 한다. 이 책의 서두에서 나는 천국이 바로 희망이라고 믿는다고 말했다. 이제 나는 그것을 고쳐 말하고 싶다. 비록 우리가 성취할 수 없다 하더라도 '상상할 수조차 없는 완전함'에 대한 희망이 지속되는 것, 즉 '근본적인 희망(Radical Hope)'이 바로 천국이다.

밀러(Miller)[1]

새롭게 정의된 전망이란 개념을 우리의 천국에 대한 오래된 믿음과 결합시킨다면 우리가 사후세계에 대해서 심사

---

6 원문에서는 'belief'라고 되어 있으나, 이 책의 전체 맥락을 고려할 때 의미상 '믿음'으로 번역하는 것이 적절한 것으로 보임.

숙고하는 것의 생존적 가치를 이해할 수 있게 된다. 천국에
관한 역사학자인 리사 밀러(Lisa Miller)는 그녀에게 천국을
묘사해줄 사람을 찾고 있었다.[2] 그녀는 조사 끝에 수녀이면
서 은둔처에서 수도 생활을 하는 아그네스 롱(Agnes Long)을
찾았다.

"'천국은 어디에 있나요?' 나는 계속해서 캐물었다. '당신이 천국에 대
해서 생각할 때 무엇을 생각하나요?'…… 마침내 그녀는 나한테 짜증이 나
기 시작했다. '당신은 마치 천국이 무슨 장소인 것처럼 얘기하네요…… 천
국은 사랑 속에서 하나님과 온전히 하나가 되는 것이랍니다.'"

그러한 정의는 천국에 대한 보편적인 정의에 가깝다.
이는 힌두 니르바나(Hindu Nirvana)에도 포함되어 있다.
밀러는 전망에 걸맞을 만한 존엄성을 천국에도 부여하
기는 하지만, 천국을 충분히 멋지게 묘사하지는 않는다. 아
마 마지못해서이겠지만, 무신론자인 샘 해리스(Sam Harris)
조차도 "믿음은 우리가 오직 논리에 의해서만 움직이는 세
상에서는 상상할 수조차 없을 만한 평정심을 가지고 삶의
어려움을 견뎌낼 수 있도록 해준다."고 인정했다.[3] 이 책에
서 우리의 영적인 사례들의 전망을 통해서 희망은 믿음 및
사랑과 계속 혼합될 것이다. 나는 사후세계에 대한 우리의

전망이 '대중의 아편' 혹은 칼빈교도의 지옥불 같은 것으로
치부될 수 없음을 명확하게 할 수 있다고 믿는다. 간단히 말
해서, 비록 우리가 성취할 수 없다 하더라도 '상상할 수조차
없는 완전함'에 대한 희망을 지속시킬 수 있는 이유는 바로
천국에 대한 생생한 이미지와 미래로의 이끌림 때문이다.
사실상, 이는 인류 진화의 주요한 추진력일 수 있다. 왜냐하
면 전망은 근본적으로 실용적이기 때문이다.

한 대규모 연구에서 참여자들에게 무선적으로 '호출'을
한 후 그 순간 무슨 생각을 하고 있었는지를 질문했다. 이
연구에서 연구자들은 사람들이 하는 많은 생각들이 미래와
현실에서의 다양한 가능성에 대한 것이라는 점을 발견했
다.[4] 이 생각들은 낙관적인 경향을 나타냈다. 연구자들은
그러한 전망의 목적이 정확한 예측에 있는 것이 아니라 당
신이 무엇을 원하는지를 발견하는 것이라고 결론 내렸다.

신경과학이 뇌의 변연계에 있는 새로운 수용기들을 계
속해서 발견하고 있다는 점을 고려해 보자. 예를 들어, 방추
세포들(spindle cells)과 거울뉴런들은 이타주의와 공감 그리
고 우리 본성의 보다 선한 면들을 촉진한다. 이렇듯 새롭게
진화되고 발견된 수용기들과 대뇌 섬(insula)[7]에 관한 신경

---

7 측두엽의 외측구(측두엽을 전두엽 및 두정엽과 구분해주는 구) 내에 깊게
　놓여 있는 삼각형의 뇌부분.

생리학적 연구는 진화가 더 향상되고, 더 공감적인 사회적 관계를 향해서 나아가고 있다는 구체적인 증거를 제공한다.5) 대조적으로, 쥐와 인간의 편도체 및 편도체의 부정적인 감정(공포, 분노, 불안)을 유도하는 능력은 지난 수백만 년 동안 그다지 변하지 않았다.

우리 모두는 영적이어서 살아오는 동안 어느 한 시점에선가 심오한 경외감을 경험해본 적이 있다. 그것이 산꼭대기에서든 아니면 별이 빛나는 밤하늘을 바라볼 때든 간에 말이다. 이러한 이유 때문에, 이 책의 핵심적인 목적은 그랜트 스터디 참여자들의 삶, 그리고 관련 문헌들을 리뷰해서 우리가 천국에 대한 역사적 관점과 전망을 아주 진지하게 다루어야 한다는 증거를 제공하는 것이다.

나쁜 소식은 그랜트 스터디가 매우 제한된 표본을 조사했다는 점이다. 이 연구에서는 1920년경에 태어나고 사회적으로 혜택을 받은 184명의 백인 남성들만을 연구했다. 대조적으로, 좋은 소식과 더불어 이 책이 중요한 이유는 아마도 이 연구가 참여자들을 평생에 걸쳐 전향적으로 추적하면서 인간의 종교적 발달을 연구한 전 세계에서 유일무이한 연구라는 것이다.

전 세계적으로 기독교 이외에, 다른 종교들과 연관된 천국들도 많이 있을뿐더러 또 다른 아브라함 계통의 종교들(Abrahamic religions)[8]에서 제시하는 대비되는 천국들도 존재한다. 따라서 궁극적으로는 『내 마음속 천국』이 주로 기독교 독자를 위한 종교적인 영감을 주게 될 것이다. 하지만 기억해야 할 점은 이 책이 사회학에 관한 책이 아니라 인간발달에 관한 책이라는 점이다. 교란변인[9]을 피하기 위해 생물학에서는 가급적 유사한 주체들을 조사할 필요가 있다. 노아의 방주에 있는 모든 종을 연구하는 대신에 에릭 칸델(Eric Kandel)은 이례적으로 큰 뉴런을 가지고 있는 바다달팽이(군소) 한 종을 연구해서 인간을 위한 노벨의학상을 받았다. 그랜트 스터디 역시 칸델의 바다 달팽이와 마찬가지의 장점을 가지고 있다. 누구라도 인정할 수 있듯이, 이 표본은 동질적인 남성들, 즉 평균 이상의 혜택을 받은 미국주류계급의 백인들(WASPS; White Anglo-Saxon Protestants)로 구성되어 있다. 학식 있는 사회학자에게는 그것은 교정 불가능한 결점이다. 하지만 성인발달을 공부하는 학생의 경우라면, 그랜트 스터디는 기꺼이 75년 동안이나 연구 대상으로 참여하겠다는 의지를 갖는 한편 언어적인 보고를 이례적으로 잘하는 사람들로 구성된 동질적인 표본이다.

---

8 아브라함에 그 기원을 두고서 공통된 이념을 공유하는 종교로서 유대교, 기독교, 이슬람교 등이 포함됨.
9 독립변인 이외에 종속변인에 영향을 미쳐 연구결과의 해석에 혼선을 주는 변인.

이들 중 많은 참여자들이 성인기 동안 저속으로 촬영된 사진에서처럼 가시적으로 발달했다. 그들은 더 탄력적으로 되었고 더 성숙해졌으며 더 개방적으로 되었다. 그리고 대부분은 사랑을 더 베풀 줄 아는 사람이 되었다. 이 관찰 결과는 뇌가 65세 이후에도 계속해서 발달한다는 기존의 문헌과도 일치한다.6) 이용 가능한 증거를 보면, 영성과 영성의 측정치인 자기초월(self-transcendence)은 시간이 흐름에 따라 발달한다.7)

하지만 이 시점에서 어의적 구분을 짚고 넘어가려고 한다. 사실 크리스마스 선물을 받는 것이 누군가가 '못되게' 굴지 않고 '착하게' 굴었다는 점을 보여주는 것은 아니다. 그 대신 선물을 교환하는 것은 서로에 대한 우리의 사랑을 보여준다. 마찬가지로, 천국의 개념은 적어도 기독교 전통에서는 이승에서 사는 동안 '못되게' 살지 않고 '착하게' 산 것에 대한 보상이라기보다는 사랑의 선물을 나타낸다. 영원토록 사랑 받을 것이라는 전망은 매우 후한 선물이다.

갤럽에서 사용한 더 포괄적인 전국표본에 비해서 우리 표본이 상대적으로 종교생활에 덜 깊게 참여했다는 것은 인정한다. 하지만, 그랜트 스터디의 결론과 갤럽의 결론 사이의 가장 큰 차이는, 우리 자료는 종단적으로(longitudi-nally) 수집된 것이고 갤럽 자료는 횡단적으로(cross-sectionally) 수집된 것이라는 점이다. 우리는 참여자들이 45세일 때 수집한 종교적 믿음에 관한 자료를 30년 후인 75세 때의 자료와 비교했다. 갤럽 조사는 45세 자료와 75세 자료를 동일한 시점에서 비교했다. 갤럽 자료는 미국에서 지난 42년간 신앙심이 감소해왔다는 점을 보여주었다.[8] 갤럽은 1966년과 2008년 사이(우리 자료의 대부분이 수집된 기간)에 "믿는 종교가 없다." 혹은 "종교적 정체성을 모르겠다."라고 응답한 미국인들의 비율이 2%에서 18%로 증가했다고 지적했다. 달리 말하자면, 갤럽은 한 세대 넘게 떨어져 있고 종교 생활에 참여하는 정도가 다른 두 집단을 마치 나이가 들수록 종교성이 증가하는 하나의 동일한 집단인 것처럼 취급한 것이다.

세월이 흐르는 동안 그랜트 스터디 참여자의 6분의 1은 사후세계에 대한 믿음을 확고하게 유지했고 3분의 1은 확신을 가지지 못했다(부록 IV 참조). 전국 조사는 사후세계에 대한 믿음을 가진 사람들의 비율이 사회적으로 편향된 하버드 대학교 표본보다 훨씬 높다는 것을 시사한다. 이미 언급한 바처럼 우리 연구의 주요한 한계점은 표본 선택의 협소함이다.

50년 동안 관찰한 바에 따르면, 사후세계에 대한 믿음뿐만 아니라 종교생활 혹은 영성의 강도에 대한 가장 중요한 예측인자는 신에 대한 믿음이었다. 부모의 종교가 어떤 교파에 속하는지는 약소한 수준의 효과를 나타냈다. 성공회나 천주교 신자로 자라난 남성들 중 40%는 개신교나 유대교 가정에서 자란 남성들의 60%보다 사후세계에 대한 믿음을 2배 정도 더 가지고 있었다. 충분히 예상할 수 있듯이, 신과 사후세계에 대한 강한 믿음을 가지고 있다고 보고한 남성들은 정치와 사회적 전망에 대해서 보다 더 보수적이었다.

더 주목할 만한 것은 사후세계에 대한 믿음을 가지고 있을수록 전반적으로 더 성공적인 삶을 사는 경향이 있었다는 것이다. 이미 지적한 바와 같이, 사후세계에 대한 믿음을 갖고 있었던 그랜트 스터디 참여자들이 보다 더 성공적인 노화를 나타낼 가능성이 높다는 점이 통계적으로 확인되었다(부록 V 참조). 10장에서 살펴보겠지만 알코올중독은 영성과 종교생활을 잃어버리게 되는 것과 우울증에 대한 촉매제다. 앞서 지적한 바처럼, 우울증은 전망이 빗나간 것이다. 대조적으로, 알코올중독으로부터 회복되는 것은 종교활동이 증가하는 것과 강하게 연관되어 있다.

하지만 우리 자료에서 가장 특별한 것은 거의 2,000개에 달하는 변인들 중에서 극소수만이 종교생활, 신에 대한 믿음, 혹은 사후세계에 대한 믿음의 강도와 통계적으로 유의한 상관을 보였다는 점이다. 사실상 우리가 '신이 존재한다는 믿음'과 현재 알코올중독 상태를 통제한다면, 다른 어떤 변인도 사후세계에 대한 믿음에 통계적으로 유의한 기여를 하지 않았다. 예를 들어, 따뜻한 아동기를 보내는 것은 신에 대한 믿음이나 사후세계에 대한 믿음에 영향을 주지 않았다. 이러한 점은 이타주의, 공상, 해리(신경증적 부인)[10]와 같은 적응기제에서도 마찬가지였다. 정서가 생동감 있고 잘 통합되어 있는 것 혹은 반대로 목적의식과 가치가 부재한 것처럼, 대학생 때의 심리적인 건강함을 분별하기 위해 사용했던 25가지의 특성들도 사후세계에 대한 미래의 믿음이나 종교생활과 유의한 상관을 보이지 않았다.[9] 종교생활을 제외한다면, 사회적 지지도 신에 대한 믿음이나 사후세계에 대한 믿음에 유의한 기여를 하지 못했다.

대단히 흥미롭게도 '빅 파이브(The Big Five)'의 하위 척도들(신경증, 낙관성, 우호성, 성실성, 개방성) 중 어느 것도 종교생활의 강도 및 영성과 상관을 보이지 않았다(많은 성격연구자들이 개별 척도를 사용해 신경증, 낙관성, 우호성, 성실성, 개방성을 평가할 경우, 성격의 5요인 모델이 성격에 있어서의 주요한 차이점들을 설명할 수 있다고 믿는다).

---

10 정서적 고통을 피하기 위해 개인의 성격이나 정체감이 극적으로 변하게 되는 적응기제.

하지만, 그랜트 스터디의 결과는 종교와 영성 협회(The Society for Religion and Spirituality)의 회장인 랄프 피에드몬트 (Ralph Piedmont) 박사의 매력적인 가설을 지지한다. 피에드 몬트는 영성의 정확한 평가도구인 클로닝거의 초월척도가 성격의 5요인 모델과 중복되지 않는다는 것을 발견했다.[10] 이는 성격의 중요한 측면 중 하나인 영성이 성격의 6번째 요인이 될 수 있다는 것을 시사한다.[11]

그럼에도 불구하고 '유의하다' 혹은 '유의하지 않다'를 가리키는 양적인 수치는 한 개인의 삶에 미치는 믿음, 희망, 사랑의 영향력을 효과적으로 설명해 주지 못한다. 그랜트 스터디 참여자들의 개인적인 삶의 여정을 그려가면서 다음 의 7개 장에서 무엇이 그들의 사후세계에 대한 믿음 혹은 믿음의 부재에 기여했는지를 분석해보려고 한다. 달리 얘기 하자면, 어떤 요인들이 사람들이 천국을 마음에 담을 수 있 게 했는지를 알아보고자 한다. 어떤 이들에게는 그러한 믿 음이 항상 존재했다. 또 다른 이들에게는 그러한 신념이 늘 존재하지 않았다. 4장에서는 사후세계를 믿는 것에 대한 대 안으로서의 휴머니즘을 칭송도 하고 비판도 할 것이다. 5장 에서는 믿음과 믿고자 하는 의지의 중요성을 개관할 것이 고 6장에서는 희망(상상)이 천국에 대한 믿음에 기여하는 바 를 기술할 것이다. 7장에서는 천국에 대한 전망이 중요하다는 과학적 증거를 제시할 것이다. 8장에서는 종교적 회심의 중요성과 중년기에 말 그대로 종교와 사랑에 빠진 남성들을 살펴볼 것이다. 9장과 10장에서는 종교생활과 천국에 대한 전망을 저해하는 것으로 확인된 종교적 전기(傳記) 속 요인들(믿음의 상실과 알코올중독)을 기술할 것이다.

　마지막 장에서 나는 영성을 위한 능력(앞으로 보겠지만 많은 불가지론자[11]들에게도 존재하는)과 천국에 대한 전망이 인류에게 얼마나 중요한지를 명확하게 설명하려고 한다. 무엇보다도 근본적으로, 나는 천국에 대한 전망이 사도 바울(St. Paul)의 믿음, 희망, 사랑의 혼합물이라고 주장하게 될 것이다. 희망과 믿음은 서로 간뿐만 아니라 전망과도 복잡하게 얽혀있다. 은둔처에서 수도 생활을 하는 롱 수녀는 이번 장의 시작부분에서 "천국은 사랑 안에서 신과 완전히 하나가 되는 것"이라고 했다. 매우 다른 문화적 배경에도 불구하고 롱 수녀는 케릴 러스벌트의 의견에 동의했을 것으로 짐작된다. 러스벌트는 "당신이 죽음을 마주할 때 중요한 것은 당신의 문화적 가치를 지키는 것이 아니다. 중요한 것은 당신이 사랑하는 사람들과의 관계를 바로잡는 것이다."라고 단언했다.

　아마도 그랜트 스터디의 "사후세계에 대해서 믿습니

---

11 인간은 신을 인식할 수 없다는 종교적 인식론을 주장하는 사람.

까?"라는 질문에 대해서 가장 현명한 답을 한 사람은 92세의 내과의사일 것이다. 그의 영성은 그의 종교생활의 깊이보다 더 심오했다.

"나는 내 자신의 (그리고 모든 이의) 불멸성(不滅性)에 대해서 점점 더 확신을 가지게 되었다. 하지만 그 형태는 보통 사람들이 사후세계에 대해서 관습적으로 생각하는 형태와는 사뭇 다르다. 이제 나는 우리가 죽을 때 우리에게 남겨지는 것은 우리가 살아있을 때 다른 사람들에게 행한 것의 결과라는 것을 알게 되었다. 우리가 우리 주변 사람들을 이해하고 배려한 정도만큼 우리는 그 사람들이 그들 주변의 사람들을 이해하고 배려하는 마음을 그들에게 남겨주게 된다. 이는 점점 더 커지는 원으로 확장되는 파급효과를 만들어낸다(진폭은 점점 줄어들겠지만). 이것이 바로 내가 생각하는 천국이다. 반대로, 이해하는 데 실패하는 것도 파급효과를 가져온다. 지옥의 형태로 그려질 수 있는 파급효과 말이다.

사후세계의 파급효과가 우리에게 개인적인 보상을 제공해주는지를 문제 삼게 된다면, 다소 불만족스러울 수는 있다. 하지만 천국이 이기적인 자들을 위해서 마련된 것이 아닌 것은 분명하다."

4장

휴머니즘은 우리 마음이 천국을 멀리하게 하는가?

천국과 지상에는 자네의 철학으로는 상상도 못할 일이 수없이 많
다네, 호레이쇼,

윌리엄 셰익스피어(William Shakespeare), 햄릿(1막 5장).[1]

종교와 신에 대한 믿음이 무슨 소용이 있는 것일까? 한 가지 명백한 답은 그러한 믿음이 역경을 겪을 때 도덕적 지침과 위안을 제공해준다는 것이다. 더 심오한 답은 종교와 신에 대한 믿음이 사후세계에 대한 믿음을 가능하게 만든다는 것이다. 이용 가능한 자료가 있었던 129명의 그랜트 스터디 참여자 중에서 오직 3명만이 신을 믿으면서도 사후

세계를 믿지 않았다. 사후세계에 대한 확고한 믿음을 가지고 있으면서 신을 믿지 않는 경우는 없었다. 정의상으로 보면, 휴머니스트는 신이나 천국을 믿지 않는다.

우리는 적정 수준의 종교활동에 있는 치유적인 요소들을 오늘날도 여전히 찾고 있지만 그 혜택은 분명해 보인다. 문화인류학과 마찬가지로 신경과학은 종교적 의식이 우리를 감정의 변연계와 연결시켜준다는 것을 확증해 주었다. 세계의 여러 위대한 종교에서 처방하는 명상과 종교 예식의 규범적이고 엄격하게 구성된 의례는 영적인 계몽에 이르는 관문으로 고안된 것이다. 뇌 영상자료를 통해서, 제퍼슨 의과대학의 신경과학자인 앤드류 뉴버그(Andrew Newberg)는 집중적인 종교적 명상이 외부 속세를 배제하여 더 고차원의 신피질 뇌의 중심을 억제하고, 결과적으로 내부의 보다 '영적인' 세계의 현실에 집중할 수 있게 한다는 것을 발견했다. 그는 "의식화된 행동의 주요한 목적은 자신을 초월해 자기 자신과 더 큰 현실을 결합하는 것이다."라고 요약하였다.[2] 널리 알려진 대로, 많은 휴머니스트들도 명상을 한다.

햄릿과 마찬가지로 위대한 휴머니스트인 데시데리우스 에라스무스(Desiderius Erasmus; 1466–1536)는 중립적인 입장을 취하는 데 만족해한다. 그는 "나는 불화를 혐오한다. 불

화는 기독교의 가르침을 거스르고 자연의 비밀스러운 경향
도 거스르기 때문이다. 분쟁의 어느 쪽도 심각한 손실 없이
진압될 수 있다고 믿기 어렵다.”라고 적고 있다.3) 간략히
말해서, 에라스무스는 맹신보다 이성을 더 높이 평가하였
다. 평생을 천주교 사제로 지내면서 에라스무스는 합리적이
기 위해 그리고 목회자로서의 본분과 일반인으로서의 면모
를 유지하기 위해 많은 노력을 기울였다. 이 때문에 마틴 루
터(Martin Luther)는 에라스무스에 대해 반감을 가지게 되었
다. 그는 “에라스무스에 대한 호감이 나날이 줄어든다……
그는 인간적인 가치를 신성(神性)보다 더 우위에 둔다.”라고
적고 있다.4)

　이 책을 쓰는 것은 휴머니즘에 대한 나의 전폭적인 선
호에 양가감정(ambivalence)12을 불러일으켰다. 시간에 걸친
영적인 발달과 종교적인 발달에 주의를 기울이기 전까지
나는 “나는 휴머니스트다. 나는 종교적이지 않다. 나는 신을
믿지 않는다. 하지만 나는 영적이다.”라고 공언하는 불가지
론자와 같은 입장이었다.

　그랜트 스터디 영웅들 중 러브(Love) 판사와 브래드 히
긴슨(Brad Higginson)은 분명히 이러한 휴머니스트의 전망,
다시 말해 영적이지만 종교적이지는 않은 전망을 유지했다.

---

12 두 가지의 상호 대립되거나 상호 모순되는 감정이 공존하는 상태.

그러나 그들은 살면서 믿을 수 없을 정도로 운이 좋았다. 그들의 10종 경기 점수는 그랜트 스터디 내에서 최고치 수준이었다. 반면에 그랜트 스터디의 무신론자들과 믿음을 상실한 참여자들은 그렇게 운이 좋지를 못했다.

　브래드 히긴스와 러브 판사의 행운 때문에 나는 혼동했던 것 같다. 브래드 히긴스는 태어나면서부터 은쟁반 위에 놓인 천국을 건네받은 것처럼 보였다. 그는 매우 따뜻하고 화목한 가정에서 성장했으며 행복한 청소년기를 보냈고 그랜트 스터디의 모든 평가치를 봐도 슈퍼스타였다. 그는 늘 자기 자신보다 학생들을 먼저 생각하는 고등학교 교사로서 평생을 보냈다. 고등학교 때의 첫사랑과 결혼해서 지금까지도 행복하게 살고 있으며, 적으나마 유산을 상속받는 혜택을 누리고 퇴직 후에는 메인 주에 있는 바닷가 주택에서 지내고 있다. 슬하에 4명의 사랑스런 자녀들과 8명의 손주들을 두고 있는데, 그는 그들 모두에게 초등학교 때부터 배 타는 법과 정원 가꾸는 법을 가르쳤다. 그의 자손들은 그의 주변에서 살고 있으며 몇몇은 일 년 내내 그의 곁에서 함께 지낸다. 브래드와 아내는 커다란 정원을 가꾸고 14명을 위한 세탁과 요리를 하느라 교회에 다닐 짬이 없었다. 그들의 마음속에서는 사후세계의 삶이라는 것 자체가 스쳐지나간 적조차 없었다. 서로에 대한 사랑과 가족에 대한 사랑으로 둘러싸인 현재의 삶이 그들에게 필요한 모든 것이었다. "지상 어디보다도 정원에 있으면 신에게 가장 가까이 간 것이다."라는 말처럼.

간략히 말하자면, 브래드 히긴스의 사례는 에라스무스가 종교적인 독단에 빠지는 것보다 덜 유해한 것으로 보았던 휴머니즘에 대한 훌륭한 논증이 된다. 그럼에도 불구하고 햄릿이 호레이쇼에게 말한 것처럼, 휴머니즘은 상상력이 부족하다. 더 높은 힘에 대한 믿음이 없다면 사후세계에 대한 믿음은 존재할 수 없다. 바가바드 기타13에서 외치듯이, "사랑의 신과 하나가 되는 것은 최상의 상태다. 이를 얻는 자는 죽음을 넘어 불멸에 이르게 될 것이다!"5)

대조적으로, 휴머니즘은 현세에서 긍정적 감정과 관련된 인류의 능력이 선함과 영성을 향한 가장 안전한 길인 동시에 우리가 찾을 가능성이 가장 높은 길이라고 결론 내린다. 휴머니즘은 긍정적 감정(사랑, 믿음, 희망, 기쁨, 연민, 용서, 감사)에 초점을 맞추는 것으로 충분해한다. 다윈처럼 휴머니즘은 이러한 감정들이 2억 년 전에 진화한 변연계로부터 비롯되었으며, 새끼들을 소중히 여기지 않았던 공룡들은 멸망했던 반면에 포유류는 생존할 수 있게 했다는 것을 믿는 데

---

13 산스크리트어로 '거룩한 자의 노래'란 뜻으로, '베다', '우파니샤드'와 함께 힌두교 3대 경전의 하나로 꼽히는 철학서.

에 만족해한다.6) 하지만 휴머니즘이 망각하고 있는 사실은 우주는 다윈의 도움 없이도 40억 년에서 60억 년 전에 새롭게 탄생했다는 점이다. 휴머니즘은 사도 바울이 이 동일한 긍정적 감정을 변연계의 부수적 현상 대신에 '성령의 열매'7)라고 지칭했다는 점을 간과하고 있다. 마치 욥처럼 휴머니스트는 인간이 아니라 오직 하나님만이 우주뿐만 아니라 리바이어던(leviathan)14 같은 괴물을 통제할 수 있다는 것을 망각한다. '욥기(the Book of Job)'는 경외감이 간과해서는 안 될 긍정적 감정이라는 것을 우리에게 상기시켜준다.

지난 4천 년 동안 조직화된 종교와 휴머니즘은 인간 발달의 거침없는 행진 그리고 약자를 위한 문화적으로 규정된 사심 없는 보살핌과 기교(技巧)를 지원해왔다. 그러나 이러한 주장은 기원전 900년에서 200년 사이, 즉 칼 야스퍼스(Karl Jaspers)가 '축의 시대(the Axial Age)'라고 명명한 시기에 세계의 모든 위대한 종교들이 신을 판단적이고 탐욕스러우며 종종 성난 우두머리로서가 아니라, 사랑을 주고 은혜를 베풀며 자비로운 창조주로 경험하기 시작했다는 점을 무시한다.8)

최근에 진화생물학자인 데이비드 슬로안 윌슨(David

---

14 구약성서 욥기 41장에 나오는 바다 속 괴물(성경 번역본에는 '리워야단'으로 되어 있음).

Sloan Wilson)9)과 진화심리학자인 마크 하우저(Mark Hauser)10)
는 '성숙'과 '공감'이 호모사피엔스의 진화에서 긍정적인 것
으로 선택되어왔다고 제안했다. 예를 들어, 국제올림픽경기
와 2004년 쓰나미에 대한 세계의 반응, 이 둘 모두 지난 세
기 동안에 일어난 최근의 문화적 진화를 반영한다. 1900년
에 도대체 그 누가 세계보건기구의 설립을 상상할 수 있었
겠는가? 그러나 이러한 진화가 휴머니즘에 기인한 것인가?
아니면 성령에 힘입은 것인가? 아직 판단을 하기는 일러 보
인다. 나는 단지 여기에서는 독자들의 경외감과 감탄을 고
무시키고자 할 뿐이다.

　휴머니스트들은 종교가 휴머니즘과 불가지론적 영성보
다 열등하다고 주장한다. 종교는 리차드 도킨스(Richard Daw-
kins)와 같은 무신론자들이 위험한 '밈(meme)'15으로 치부하
는 독단적인 교리, 가치, 의례 전통에 의해서 지배되는 영성
의 제도적 측면과 대인관계적 측면을 가리킨다. 반대로, 진
정한 영성은 신성함, 진실, 아름다움 혹은 어떤 것이든 간에
자기보다 더 위대한 것으로 여겨지는 무언가 초월적인 것과
연결되는 개인적인 느낌과 관련이 있으며 긍정적 감정으로
표현되는 종교성 혹은 영성의 심리적 경험을 말한다.

---

15 생물체의 유전자처럼 재현과 모방을 반복하면서 전파되는 사회의 관습 및
　문화.

휴머니스트들은 종교가 문화로부터 비롯되는 반면에 휴머니즘과 영성은 생물학에서 비롯된다고 주장한다. 문화와 언어처럼 종교적 믿음의 전통은 우리를 자신의 공동체에 속박시키는 한편 다른 공동체로부터 격리시킬 수 있다. 휴머니즘은 우리 모두의 공통점에 초점을 두는 것을 선호한다. 휴머니스트인 '국경없는 의사회'는 모든 종교의 환자들을 돌본다. 반대로, 아프리카에 있는 일부 기독교 선교 교회들은 오직 특정한 교파만을 돌본다. 휴머니즘과 종교는 둘 다 사랑에 관한 것이다. 하지만 다른 종교들 사이에서는 사랑하는 사람들끼리 너무나 자주 다툰다. "나는 토마토라고 하고 당신은 토메이토라고 한다니까. 그냥 없었던 일로 합시다!" 이슬람교의 핵심적인 교파 둘 다 신성한 코란과 알라신의 사랑을 소중히 여기지만, 시아파는 수니파를 열심히 죽이고 그 반대도 마찬가지다.

휴머니즘은 우리가 우리 자신의 경험을 향유할 것을 촉구하는 반면에 종교는 우리가 우리 부족(部族)의 경험으로부터 배울 것을 요구한다. 동시에 휴머니즘은 우리가 이방인의 경험이라도 가치 있다면 받아들일 수 있게 돕는 반면에 종교는 다른 부족의 경험을 불신하도록 이끈다. 근시안적으로 보면, 이방인에 대한 공포와 외국인 혐오증은 사회적인 미덕이 되기도 한다. 하지만 장기적으로 보면, 이방인

을 받아들이고 근친교배를 피하는 것이 유전적으로 필수
요소가 된다. 이 책을 쓰기 전까지 이러한 주장들은 내게도
설득력이 있었다.

이전 책 『영성의 진화(Spiritual Evolution)¹⁶』¹¹⁾에서 나는
종교와 문화의 많은 부분이 보편성이나 생존가치가 없는
그저 우연의 결과라고 주장했다. 스키너는 먹이를 가지고
비둘기를 무선적으로 강화시키면 먹이 그릇 주변에서 특정
행동패턴이 고착된다는 것을 발견했다. 생존하기 위해서 아
이들의 뇌는 부모가 말하는 것을 의문 없이 믿도록 처음부
터 만들어져있다. 때로는, 나중에 어른이 된 다음에도 이러
한 인지적 신념을 바꾸기가 힘들다. 천주교 신부들은 12세
기까지는 결혼할 수 있었다. 교황은 1879년까지는 '오류를
범하지 않는 존재'가 아니었다. 추기경회에서 다른 주장을
지지하는 방향으로 투표했더라면 지금처럼 변경할 수 없는
밈(meme)이 생겨나지는 않았을 것이다. 하지만 마찬가지로
중요한 것은 세계의 종교가 전능함이 아니라 사랑에 주안
점을 두는 방향으로 진화하지 않았더라면, 지난 3천 년 동안
의 공감적인 '문화적' 진화도 일어나지 않았을 것이라는 점
이다.¹²⁾

내향성 및 외향성 특성과 마찬가지로, 영적인 내적 깨

---

16 국내에서는 '행복의 완성'이라는 제목으로 번역됨.

달음의 강도는 유전적인 토대를 갖는 특성이다. 자기보고식
으로 영성을 평가할 경우, 동일한 가정에서 자란 형제자매
보다 떨어져서 자란 일란성 쌍생아가 더 높은 유사성을 보
인다.13) 대조적으로 교회출석과 기타 종교행위는 떨어져서
자란 일란성 쌍생아보다 동일한 가정에서 양육된 혈연관계
가 없는 의붓형제자매들 사이에서 더 높은 일치율을 보였
다.14) 그럼에도 불구하고, 개인차가 존재할지라도 무신론자
인 휴머니스트들을 포함해서 모든 인간은 영적이다.

　많은 사람들이 인정하듯이, 믿음, 희망, 사랑은 휴머니
즘과 신에 대한 믿음 모두를 가져다준다. 무신론적이면서
매우 독립적인 아이였던 내 아들은 나한테서 주기도문을
배우는 것을 단호하게 거부했었다. 그런데 14살 때 파리의
노트르담 대성당에 처음으로 가보게 되었다. "와~!" 아이는
탄성을 터뜨렸다. 그리고는 가장 좋아하는 애정을 담은 표
현인 '끝내주네!'를 외쳤다. 빛나는 그 한 순간, 신성함을 향
한 그의 탐색이 채워졌다. 친숙한 표현으로 번역한다면 '천
국에 계신 우리 어머니'를 뜻하는 이름을 가진 대성당의 자
애로운 품 안에서 내 아들은 여전히 아무 것도 믿지는 않지
만 그럼에도 불구하고 모든 것을 신뢰하게 되었다.

　누구라도 인정할 수 있듯이, 독단적인 확실성보다는 겸
손이 독실한 종교성과 독실한 휴머니즘을 촉진시킨다. 나는

하버드의대 학장이었던 조지 팩커 베리(George Packer Berry)가 나의 의대 1학년 동기생들을 호명했을 때를 기억한다. 우리 학생들 모두는 의학이 우리의 궁극적인 관심사, 즉 인간 생명의 보존을 위한 최상의 길이라는 변치 않는 '종교적' 믿음을 공유하고 있었다. 그는 의학에 대한 우리의 궁극적인 관심사와 믿음을 공유한다고 인정하면서도 우리가 자기 비판적이고 겸손해야한다고 일러주었다. 그는 "나쁜 소식은 우리가 여러분에게 가르치는 모든 것의 절반이 미래에는 틀린 것이 될 것이라는 점이다…… 더구나 그 절반이 어느 것인지조차 모른다."라고 털어놓았다.

앞서 나는 『영성의 진화』에서 발췌한 '변연계의' 7가지 긍정 감정을 나열했다. 하지만 내 주장을 명확하게 하기 위해서 한 가지를 일부러 빠뜨렸었다. 바로 경외감이다. 다니엘 데넷(Daniel Dennett)과 리차드 도킨스 같은 진화론적 휴머니스트, 그리고 프로이트와 같은 정신분석적 휴머니스트는 경외감과 신성함에 대한 느낌을 미신적이고 유아적인 것으로 치부했다. 하지만 나는 경외감이 긍정 감정들 중에서 가장 '영적'이라고 주장하고자 한다. 저명한 학술위원인 프랑스의 철학자 르네 지라드(Rene Girard)는 『폭력과 신성 (Violence and the Sacred)』15)에서 영성은 주로 '신'에 관한 것이 아니라 '신성함'에 관한 것이라는 점을 우리에게 일깨워

준다. 신비로운 깨달음, 경외감, 신성함의 경험은 당신이 무엇이라고 부르든지 간에 인간의 뇌 속에 내장되어 있다. 경외감은 억눌리고 무시되고 심지어는 훼손될 수도 있지만 결코 파괴되지는 않는다.

　　지난 30년 동안 다수의 연구들이 분명히 변연계가 경외감과 영적인 깨달음의 경험을 담당한다고 밝혀왔다. 하지만 영적인 내적 깨달음과 긍정적인 변연계 감정 간의 관계를 논하기 전에 한 가지 점을 명확하게 짚고 넘어가자. 바로 뇌는 하나의 조직화된 전체라는 것이다. 내적 깨달음을 의식하는 것은 인지를 필요로 한다. 따라서 우리의 내적 깨달음이 우리의 공동체주의적 신념에 열정과 생존적 가치를 더하는 바로 그 순간에 우리의 공동체주의적 아이디어와 신념 역시 우리의 내적 깨달음을 형성할 것이다.

　　나는 자신의 휴머니즘이 천국을 상상조차 할 수 없게 했음에도 불구하고 휴머니즘을 위한 설득력 있는 사례가 된, 한 비범한 남자의 일생을 제시하고자 한다. 러브 판사는 평생 불가지론적인 휴머니스트로 살았던 예를 생생하게 보여준다. 러브 판사는 늘 매우 행복했고 행운이 따르는 남자였다. 은퇴한 고교 교사인 브래드 히긴스처럼 그는 가족의 사랑으로 둘러싸인 삶을 보냈다. 그리고 그는 항상 신과 종교에 대해서는 생각하지 않으려고 했다.

　　러브 판사는 초등학교 3학년 때부터 고등학교 때까지 퀘이커교의 학교에 다니면서 문화적으로 퀘이커교의 교도로서 성장했다. 그의 부모는 명목상의 유니테리언(Unitarian) 교도[17]였다. 고등학교 1학년 때 그는 장차 아내가 될 여성을 만나서 사랑에 빠졌다. 75년 후에도 그는 그 여성의 헌신적인 남편이었다. 17살이었을 때 러브는 퀘이커 집회의 멤버가 되기로 마음먹었다. 왜냐하면 자신이 무신론에서 얻는 것보다 친구들이 그들의 종교에서 얻는 것이 더 많아 보였기 때문이다. 이렇게 그는 무신론을 유지하면서도 수년간 퀘이커(Quaker)[18] 집회에 열성적으로 참여했다.

　　1940년에 하버드 대학교에서 면접에 참여했을 때, 러브는 '무언가 더 위대한 힘 혹은 존재'가 있다고 믿는다는 것을 인정했다. 그는 인류에게는 신을 숭배하거나 혹은 단지 신과 함께 하고자 하는 본능이 있다고 믿었다. 하지만 그는 기도를 실천하지는 않았고 오랫동안 기도했던 기억도 없었다. 종교적 믿음에 대해서 더 상세한 질문을 받자, 그는 예수가 신성하다거나 사후세계가 있다고 믿지는 않는다고 말했다. 그는 사후세계를 믿느냐는 질문을 받을 때마다 매번 믿지 않는다고 답했다.

---

17 삼위일체론을 부정하고 신격의 단일성을 주장하는 기독교의 한 파.
18 형식주의를 배격하고 내적이며 정신적인 경험을 중시하는 급진적 청교도 운동의 한 부류.

러브는 처음에 변호사가 되었다가 나중에 판사가 되었다. 40대에 러브는 여전히 퀘이커 모임에 소속되어 있었지만 거의 참석하지는 않았다. 그는 퀘이커교 학교위원회와 퀘이커교 정치위원회의 위원이었으며 매달 열리는 운영회의에 참석했다. 간단히 말하자면, 그는 사회적으로만 퀘이커 교도였다.

어떻게 힘든 시간들을 이겨냈는지를 질문 받았을 때, 그는 힘든 적이 거의 없었다고 답했다. 그는 자신의 능력에 대한 믿음, 행운, 서로 사랑하는 가족이 의지가 된 것 같다고 대답했다. 7장과 8장에서 살펴볼 다른 불가지론자들과는 달리, 러브는 자기 스스로에게만 의지한 것은 절대 아니었다. 그에게 더 높은 존재는 가족이었다. 그랜트 스터디는 이 따뜻한 가족의 응집력이 3세대에 걸쳐서 이어지는 것을 목격했다.

평생 동안 러브는 자신의 견해를 유지하면서도 동시에 종교도 존중해 균형을 잡았다. 53세에 그는 세속적이기는 해도 매우 도덕적이고 원칙에 충실한 조직인 뉴저지 대법원의 판사로 승진했다. 러브는 "나의 종교적 믿음은 약해지는 것처럼 보이지는 않는다. 어쩌면 약해지고 있겠지만."이라고 적었다. 그는 조직화된 종교의 편협성 때문에 열의가 없어졌지만 윤리적 원칙의 교육을 지지한다고 설명했다. 그는 "조직화된 종교적 맥락에서는, 퀘이커 집회처럼 상대적

으로 덜 형식적인 곳에서조차도 불편감을 느꼈다.” 그럼에
도 불구하고, 그는 종교의 존재 가치를 인정했다. 왜냐하면
“종교적 확신을 가진 사람들이 없었더라면 지금 우리에게
소중한 많은 것들이 존재하지 못했을 것이기 때문이다.”

그 후로 십년이 지난 다음에도 러브 판사는 여전히 퀘
이커 집회를 재정적으로 지원했고 한 달에 한 번씩 참석했
다. 하지만 그는 “나는 종교에 대해서 뒤섞인 느낌을 가지
고 있다. 내 취향은 아닌 것 같다.”라고 털어 놓았다. 면접자
는 러브가 “현실을 직시하면서도 다른 사람들에게서 좋은
점을 알아보는 탁월한 능력을 가지고 있다”고 적었다. 66세
에도 계속해서 그는 신에 대한 개인적인 믿음을 포함해서
종교의 모든 측면이 자신에게 ‘중요하지 않거나 약간 중요
하다’고 평정했다. 역경을 이겨내는 그의 인생철학은 “내가
받은 많은 축복들을 기억하기 위해서 최선을 다하는 것. 앞
으로 다가올 것을 받아들이는 것”이었다. 유대교의 찬송이
가족이 아니라 신에 대한 감사를 겸허하게 표현할지라도,
그것 역시 러브가 말했던 것과 마찬가지로 ‘축복’에 관한
것이라고 할 수 있다.

그 이후 십년 간 러브 판사는 종교적 활동이 거의 전무
했고 스스로 종교가 자신의 삶에 적용되지 않는다고 고집
스럽게 주장했음에도 불구하고 영적인 삶의 풍요로움을 즐

졌다. 그는 종교적 활동이 자신의 영성에 대한 정확한 측정치는 아닌 것 같다고 언급했다. "어떻게 보면 나의 '영적인 삶'은 더 깊어지고 있다…… 우리는 우리 판단의 근거를 이성적인 말로 설명되거나 정당화될 수 없는 믿음에 두어야 한다." 그는 "어떻게 보면 이성을 초월하는 감정의 중요성을 더 많이 알아차리게 되었다."라고 말했다(영성체 전에 하는 천주교의 '신앙의 신비'와 비교해 보라). 그는 매일 아침 반려견 골든 리트리버를 산책시키면서 명상을 했다. 분명히 그는 더 높은 힘을 직접 경험하지는 못했지만 영성을 측정하는 우리 연구의 척도에서 상위 4분의 1에 해당했다. 하계 공동체 모임에서 그는 석양과 바다에 대해서, 그리고 자연이 우리 개개인의 삶보다 훨씬 더 크다는 감동적인 강연을 했다. 그는 자연의 역설적인 태도, '온화하지만 무관심한' 태도에 대해서 얘기했다. 그는 또 '아름다움이 우리에게 즐거움을 가져다주며 악(惡)을 이겨내고 세상의 비이성적인 힘들을 길들이는' 방식에 대해서 언급했다.

85세에 러브는 여전히 뉴저지 사법부를 개혁하는 일을 하고 있었다. 그는 시 창작에 점점 더 몰두하게 되었고 여전히 명상하는 시간을 즐기고 있었다. 영적인 경험에 가까이 간 적이 있었느냐는 질문에 그는 "대답하기 어려운 질문이네요…… 가장 가까이 갔던 것은 1953년에 딸아이가 너무

아파서 죽을지도 모른다고 생각했을 때였죠. 성탄절 아침에 우리는 딸아이를 치료할 수 있는 약을 발견했다는 전화를 받았어요. 내 평생 그 때가 가장 감사할만한 순간이라고 생각해요." 다른 연구 참여자가 적었듯이, "기쁨은 우리 안에 있는 신의 메아리다." 이렇게 불가지론자인 러브 판사는 "신의 자녀"로서 평생을 보냈던 것이다. 그가 신을 기쁨과 사랑 그리고 아름다움으로 재명명하기는 했지만 말이다.

93세 때 러브는 이제는 판사, 작가, 회사의 지도자가 된, 자신의 과거 직원들과 함께 저녁 식사를 하는 명예로움을 누리게 되었다. 많은 이들이 "러브 판사님을 위해서 일했던 해가 그들 전문직의 삶에서 최고의 해였다."라고 변함없이 얘기했다. 한 참석자는 러브 판사가 "우리가 재능이 아주 뛰어나면서도 겸손하고 상냥하고 존경받을 수 있다는 것을 보여주었다."라고 말했다.

이러한 이중성을 인정할 경우, 러브 판사는 '주님은 사랑'이라고 주장하는 요한복음의 본보기가 된다. 아브라함 링컨(Abraham Lincoln) 역시 '우리 본성의 선한 천사들'을 믿었지만 천국을 믿지는 않았다. 그럼에도 불구하고 이번 장의 서두에 나오는 햄릿의 명구처럼 순수한 휴머니즘 속에는 무엇인가가 빠져있다고 할 수 있다.

이 장을 쓰면서 처음에 나는 어쩌면 러브 판사가 죽지

않고도 천국에 도달했을 수 있다고 느꼈다. 하지만 그렇게 러브 판사와 나는 둘 다 인생은 짧고 영생은 영원하다는 점에 대해서 전망하는 것을 잊고 있었다. 영생을 전망하기 위해서 천국을 상상하는 것은 커다란 위안이 된다.

5장

왜 우리는 믿음에 관심을 가져야 하는가?

믿음은 바라는 것들의 실상이요, 보지 못하는 것들의 증거다.[19]
히브리서 11장 1절[1]

믿음은 영생에 대한 전망에서 중요한 역할을 한다. 하지만 윌리엄 제임스(William James)는 믿음의 에너지와 실체를 포착하기 위한 과학의 노력이 시속 50마일로 달리는 화물기차를 사진으로 담으려고 애쓰는 것과 마찬가지라고 경고했다.

1896년에 윌리엄 제임스는 '믿고자 하는 의지'라는 강연에서 천국에 관해 "우리는 그것이 진실임에 틀림없다고

---

19 다시 말해, 믿음은 희망하는 것들에 대한 실체이자, 보이지 않는 것들에 대한 증거라고 할 수 있음.

생각한다. 우리는 그것이 진실이 되도록 한다. 우리는 그것이 진실인 것처럼 생활한다. 우리는 그것의 진실성에 승산을 걸어야 한다."2)라고 제안했다. 농담조로 제임스는 믿음의 정의가 "어떤 남학생이 '믿음이란 네가 진실이 아니라고 알고 있는 것에 신념을 갖는 거야'라고 말했을 때"3) 잘 드러나는 것 같다고 했다. 하지만 더 진지한 태도로 제임스는 블레이즈 파스칼(Blaise Pascal)의 "마음은 이성이 모르는 그 나름의 이유들이 있다"4)는 일반화를 믿는다고 했다. 달리 말하자면, 신념은 단지 인지적인 것이지만 믿음은 더 심오하며, 인지와 정서를 결합시키는 본능적인 상태. 믿음은 신뢰를 수반한다.

신학에서의 풍부한 지적 정교화에도 불구하고 천국이나 사후세계에 대한 우리의 개념은 사도 바울의 기본적인 긍정 감정인 믿음, 희망, 사랑에 근거하고 있다. 믿음은 의견의 일치를 보기에는 가장 난해하고 또 가장 복잡한 긍정 감정이다. 우리는 희망과 사랑의 효과를 공공연하게 알아차리고 "볼" 수 있다. 하지만 믿음은 훨씬 더 순간적이다.

제임스는 그의 청중들에게 도전적인 질문을 제기했다. "우리의 도덕적 선호들이 참일까요 아니면 거짓일까요? 우연한 생물학적 현상에 불과한 것일까요…… 당신의 순수한 지성은 어떤 결론을 내릴까요? 만약 당신의 마음이 도덕적 현실로 이루어진 세상을 원하지 않는다면, 분명히 당신의 머리는 당신이 그런 세상을 믿게 하지 않을 것입니다."[5] 그는 계속해서 이어갔다. "우리에게는 우리의 의지를 유혹할 만큼 충분히 짜릿한(전선에 '전기가 통하듯이') 어떤 가설도 우리 자신의 책임하에 믿을 수 있는 권리가 있습니다."[6] 그리고 그는 더 나아갔다. "우리는 올바른 길이 있는지 여부를 확실히 알지 못합니다. 우리는 무엇을 해야 할까요? 강하고 담대해지기 바랍니다. 최선을 위해서 행하고, 최선을 희망하며, 앞으로 오는 것들을 받아들이십시오. 만약 죽음이 모든 것을 끝내버린다면, 우리는 죽음을 더 잘 맞이할 수 없을 것입니다."[7]

신념은 "난 그것이 진실이라고 생각해"라고 말하는 반면에 믿음은 "나는 그것이 진실이라고 느껴"라고 말한다. 이것은 다메섹(Damascus)으로 가는 길에서 사울(Saul)이 경험한 것이었다. 그 전까지 사울은 기독교 신도들을 박해하는 것이 옳다는 신념을 가지고 있었다. 다메섹에 가까워졌을 때, 그는 "사울아, 사울아, 어찌하여 네가 나를 핍박하느냐?"는 물음을 들었고 예수와 함께 하는 신비한 경험에 의해 압도되었다. 그러자 개인적인 깨달음, 감정, 그리고 희망이 하나로 모여 감화를 주는 믿음이 되었다. 로마서 10장 9절에서 사도 바울은 "네가 만일 네 입으로 예수를 주로 시인하며 또 하나님께서 그를 죽은 자 가운데서 살리신 것을 네 마음에 믿으면 구원을 얻으리니"라고 외치고 있다. 그의 경험은 사도 바울/사울의 삶의 방향을 영원히 변화시켰으며 향후 2천 년간 세상의 향방을 바꾸었다.

믿음과 희망은 말 그대로 감화를 주며 사랑과 밀접하게 연관되어 있다. 실험실 세팅에서 믿음과 연관된 희망에 찬 전망과 긍정 감정에 대해 명상하는 것은 뇌 영상에서 변연계의 두 영역, 중심피개(central tegmentum)와 중격핵(nucelus accumbens)을 '밝게 해준다.' 이 두 영역은 중독만이 아니라 사랑과 애착을 반영하는 뇌의 센터다. 이 영역들은 천국의 '임사경험'에도 필수적이다.[8]

이 장에서 논할 그랜트 스터디 참여자들의 경우, 천국에 대한 신뢰는 주로 믿음과 윌리엄 제임스 식의 믿고자 하는 의지 위에 세워진 것이었다. 피터 핀치(Peter Finch) 목사는 우리 마음속에 천국을 간직하고자 할 때 믿음이 얼마나 중요한지를 보여주고 있다. 윌리엄 제임스 식의 의지에서 보면, 핀치는 평생 동안 사후세계에 대한 강한 신념을 가지고 있었다. 소년이었을 때 그는 성공회 목사였던 아버지와 가까웠다. 그는 12세 때 촛불이 밝혀진 제단 앞에 있는 아버지를 보면서 감정적으로 종교적인 경험을 했던 것을 기억하고 있었다. 핀치는 나중에 "정말 많은 사람들이 아버지를 사랑하고 칭송했어요. 아버지가 이 세상에 기여한 가치는 무한하죠."라고 연구진에게 말했다.

대조적으로, 그는 "나는 어머니를 정말 싫어했어요. 어머니와는 전혀 잘 지낼 수가 없었어요."라고 단언했다. 어머니의 권위주의적인 감독 때문에 핀치는 어머니를 존경하지 않았다. 하지만 어렸을 때 그가 받아들인 것은 아버지의 기준이 아니라 어머니의 기준이었다. 연구진은 "핀치는 가장 엄격한 품행 기준에 따라 양육되었다."고 적었다. 속어, 욕설, 카드놀이, 춤, 여자아이와의 데이트, 흡연이 모두 엄격하게 금지되었다. 차를 마시는 것조차도 가벼운 죄목으로 분류될 정도였다.

핀치의 경직된 행동은 그가 다른 아이들의 괴롭힘 대상이 되도록 만들었다. "처음에 학교에서 괴롭힘을 당했다. 나는 많은 사람들을 무서워했다. 나는 싸움을 했고 학교가 너무너무 싫었다." 핀치는 주로 여자아이들과 놀았고 몸놀림이 둔해 여자애 같다는 취급을 받았다. 어머니가 싸움을 엄격하게 금지했기 때문에 그는 싸움에서 무기력했다. 하지만 어느 날 그는 감정이 그를 이기게 내버려 두었고 결국 그를 공격한 아이에게 맞서 주먹을 날렸다. 그 후로 더 이상의 괴롭힘은 없었다.

당연히, 아이였을 때 핀치는 매우 외로웠고 불행했다.

애정이 넘치는 부모도 없고 친구도 없었던 핀치는 기발한 탈출구를 이용했다. "나는 자라면서 늘 종교에 대해서 들었다. 나는 집에서, 성가대에서, 교회학교에서 들은 얘기들을 생각했다. 나는 실제로 그렇게 살아보려고 애썼다." 성공회의 기도서를 글자 그대로 받아들이는 것이 "우정을 대체하게 되었다. 나는 기도에 대해서 매우 진지했다." 친구 대신에 핀치는 사도신경과 사후세계가 존재한다는 주장에 대해서 구체적인 신념을 가지게 되었다. '힘들 때면' 그는 사도신경을 반복해서 되뇌었다. 핀치가 대학생이었을 때 했던 투사적인 주제통각검사[20]에서 모든 여성 인물들은 남성 인물들을 지배하고 속박하는, 심지어는 약간 악의적인 인물들로 표현되었다. 나중에 그는 연구진에게 "어머니는 나를 무척이나 목사로 만들고 싶어 했다. 그것이 내가 마음을 결정하는 데 그렇게 오랜 시간이 걸린 이유들 중 하나다."라고 말했다. 1942년 하버드에서 인지적으로 완벽함을 추구하던 핀치는 나치에 대항하는 것에 대해서 격렬하게 반대하였고 이것은 연구진을 크게 놀라게 했다. 하지만 그는 학교에서 자신을 괴롭혔던 아이들에게 복수하는 감정적인 공상을 즐겼다는 것을 인정했다. 그는 다양한 방법으로 가해자를 지

---

20 수검자가 자극으로 제시되는 그림 속에 펼쳐지는 장면에 대해 말하는 내용을 통해 수검자의 무의식적인 갈등과 성격 특성, 환경과의 상호작용 방식을 파악해 내는 검사.

독하게 괴롭히는 자신을 상상했다. 그 중 하나는 "빨갛게 달군 다리미로 가해자들의 성기를 태우는 것"[9]이었다. 이 일화는 전망이 아니라 상상의 가치를 보여준다. 앙심을 품고 어머니를 괴롭히는 대신에 그는 아버지의 더 상냥한 본보기를 따랐고 아버지와 동일시[21]했으며 결국에는 목사가 되었다. 그럼에도 불구하고, 그랜트 스터디의 다른 종교적인 참여자들이 하나님이나 예수와의 친밀한 관계를 공언했던 것과는 달리 그 후 십 년간 핀치의 믿음은 사도신경에 지적으로만 충성하는 식으로 일관했다.

그랜트 스터디는 핀치와 가졌던 '여러 차례의 비밀스런 대화'를 통해서 그가 신학의 더 큰 문제에 대해서 그 어떤 관심도 없으며 오랫동안 '소명'에 대한 확신도 없었다는 것을 알게 되었다. 핀치의 말에 따르면, "하나님에 대한 나의 신념은 믿고자 하는 의지에 기초한 것이다. 내게 윌리엄 제임스는 현존하는 영웅이다. 매일의 경험을 통해 나를 신앙 속으로 뛰어들게 한다."

핀치의 경직된 신념을 극복하기 위한, 더 성숙한 진심 어린 믿음을 향한 진화는 천천히 시작되었다. 사후세계를 믿고자 하는 핀치의 인지에 기초한 윌리엄 제임스 식 의지가 '상상할 수 없는 완전함'을 향한 감정적 희망으로 진화해

---

21 개인이 다른 사람을 닮아가는 무의식적인 과정.

가는 데에는 사실상 평생이 걸렸다.

대학에서 핀치는 정기적으로 교회와 주일학교에 나갔다. 그는 사후세계에 대해 확고한 신념을 가지고 있었다. 하버드에서 수강한 생물학 수업 때문에 부활에 대해서 잠깐 의심하기는 했지만 졸업하면서 그는 캠브리지에 있는 성공회 신학교에 입학했다. 이전에 가지고 있던 그의 의구심은 만약에 목사가 된다면 '나이든 골치 아픈 여자들'을 어떻게 상대해야 할지에 대한 걱정으로 바뀌었다. 그는 "내가 여자들과 데이트를 한 것은 일종의 의무감에서였다. 나는 데이트를 하고 싶지 않았다."

신학교를 졸업한 후에, 핀치는 문제를 해결하기 위해서 이야기를 나누는 대상은 하나님뿐이라고 말했다. "나는 오로지 하나님과 예수님, 그리고 성경만 나한테 깊은 영향을 주기를 바란다." 여전히 그는 하나님과 예수님을 사랑하고 또 그들이 그를 사랑한다는 것을 믿었기 때문이라기보다는 순종적이기를 바라는 소원에 반응하고 있었다. 아직도 그는 '천국은 사랑 안에서 하나님과 완전히 하나가 되는 것임'을 정서적으로는 믿을 수 없었다.

웨스트버지니아에 있는 그의 첫 번째 교구에서 봉직했던 5년 동안 핀치는 두 명의 여성과 고작 몇 번의 데이트를 했었다. "한 여성은 나를 무척 좋아하는 것처럼 보였어요.

그 분은 목사에게 딱 맞는 아내가 될 만한 사람이라는 것이 보였어요. 하지만 난 그냥 관심이 없었어요." 그럼에도 불구하고, 그는 설교를 하고 다른 사람들을 돕는 것을 좋아했다. 핀치는 수줍음을 많이 타면서도 지도자가 되었다. 대학교 재학 시절 이후로 그는 자신이 몸담았던 어떤 조직에서든 회장이나 주요 직책을 담당하게 되었다.

1954년에 그는 유명한 성공회 고등학교의 교목이 되었다. 늘 목사가 된 동기를 사람들을 돕기 위해서라고 얘기했던 핀치가 예수나 하나님을 언급한 적이 거의 없다는 점에 주목할 필요가 있다. 대신에 그는 그의 신념에 대해서 얘기했고 사도신경을 인용했다. 하지만 그는 그 이상은 나아갈 수 없었다. 관계가 아니라 순종이 그의 방패였을 뿐이다. 하나님에 대해서도, 그리고 사람에 대해서도.

마침내, 48세 때 핀치는 본 연구에서 참여자들에게 빈번하게 물었던 '역경을 극복하기 위한 인생철학'이라는 질문에 답했다. "나는 하나님에 대해 강한 개인적인 종교와 믿음을 가지고 있다." 바로 다음 해에 관계를 맺는 그의 능력이 계속 발전해 나갔다. 그는 목사의 미망인과 결혼했다. 그는 부부로서 성생활이 '매우 만족스럽다'고 분명하게 말했다. 85세 때에도 그는 행복한 결혼생활을 하고 있었다.

결혼 무렵에 핀치는 그렇게 어른스럽지는 못했다. 계속

해서 그는 그랜트 스터디를 일종의 부모로 여겼다. "나는 당신에게 내가 '래드클리프 칼리지(radcliffe college)²² 졸업생'하고 결혼했다는 말을 하고 싶다. 그것이 얼마나 바람직한 일인지 당신들은 알 것이다." 또 그는 일에서 점점 더 많은 스트레스를 받는다고 느꼈다. 완전한 친밀감과 경력 강화의 획득이 아직까지는 그의 운명에 속하는 일은 아니었다. 성숙은 그 다음 십 년간 서서히 이루어졌다. 60세가 되자 핀치는 사후세계에 대한 질문에 관심을 가지기 시작했다. 그는 25세 때 예상했던 것보다는 전반적으로 삶에 대해서 더 편안해졌다. 이제 그는 자신의 일을 충분히 잘하고 있다고 느꼈다(경력 강화). 또 신학교 학생들에게 믿음의 형성 문제에 대해 가르치는 데서 얻는 즐거움은 그의 새롭게 출현하는 생산성의 증거가 되었다.

더 나이가 들어서도 여전히 그는 아내를 '핀치 여사'라고 불렀다. 아내의 독자적인 수입 덕분에 그는 일을 줄일 수 있었다. 그는 자신의 제일 큰 문제가 게으름이라고 보았다. 그는 운동을 한 적이 없었다. 그 이듬해에 핀치를 만났던 면접자가 핀치를 '아주 재미없는 사람'이라고 느꼈던 것은 너무나 당연한 일이었다. 그의 아내의 더 공감적인 표현을 빌

---

22 래드클리프 칼리지는 하버드 대학교가 남학교였을 당시에 협력관계에 있었던 문리과 대학 중심의 여대였으며, 1977년 하버드와 병합이 이루어졌고 1999년에는 완전히 하버드 대학교로 통합되었음.

리자면, "피터는 노는 걸 배운 적이 없어요."라고 말할 만
했다.

그럼에도 핀치는 나무 인형 피노키오처럼 나무를 깎아
서 살과 피로 탈바꿈시키는 일을 계속했다. 더 이상 그는 하
버드 재학시절의 수줍음을 많이 타는 미성숙한 청년이 아
니었다. 핀치의 결혼은 즐거운 것이었으며 그는 아내의 '가
장 좋은 친구'가 되었다. 두 사람 모두에게 포옹하고 사랑을
나누는 것이 그들 결혼의 가장 덜 좋아하는 부분이었다고
하더라도, 그들은 육체를 넘어서 확장되는 친밀감을 갖게
되었다.

핀치는 68세에 은퇴했으며 이례적일 만큼 좋은 건강을
누렸다. 그는 복용하는 약이 없었고 자신을 유쾌하고 느긋
하며 침착한 사람으로 바라보았다. 그에게 가장 중요한 것
은 '깊어지는 영적인 삶을 살아가는 것'이었다. 그는 하루에
한 번 이상 기도했고 '그의 삶의 모든 측면에서 영적인 믿음
을 지속적으로 실천'했다. 그의 삶의 철학은 "단순하게 살
기, 흥미로운 일들을 하기, 사람들을 사랑하기, 그리고 하나
님을 사랑하기. 나는 너무 무리하지는 않는다. 내게로 오는
것이 무엇이든 즐기면서 살려고 한다."였다.

성인기 동안 정서적인 스트레스를 겪을 때 보였던 핀치
의 증상은 꾸준히 줄어들었다. 특히 '정신신체적인' 증상들

은 더욱 감소하였다. 마지막에 가서는 스트레스를 받을 때
의 유일한 증상이 "짜증부리기"가 되었다. 사실 짜증은 그
랜트 스터디에서 삶의 균형이 가장 잘 잡힌 참가자들조차
도 보이는 모습이었다. 그는 더 이상 게으르지 않았다. 그에
게는 몇몇 절친한 친구들이 있었다. 그는 시 모임을 만들었
고 다른 모임을 위해서는 기금을 모았다. 그리고 몇 가지 다
른 모임에 참여하고 있었다.

세월이 흐르면서 그의 믿음은 서서히 성숙해져 갔고 점
진적으로 개인적인 활동이 증가하였다. 아울러 그는 시를
썼으며 아내와 함께 베네딕트회 전통에 관한 연구를 했다.
그들은 성지 순례를 함께 다녔다. 그는 교구 방문을 계속했
고 일주일에 두 번씩 교회 운영위원회에 참석했다. 그는 자
신의 영적인 삶이 젊었을 때에 비해서 훨씬 더 '실질적인
것'이 되었다고 느꼈다. 그는 자신의 결혼을 '이례적일 만큼
행복한 결혼'으로 표현했다.

81세 때 핀치를 면접했던 연구원은 "그의 핵심 열망은
바로 친밀감과 관계맺기다." 통찰력이 탁월한 의사였던 면
접자는 핀치의 인간관계, 시, 그리고 상상력의 깊이에 깊은
인상을 받았다. 이것들은 핀치가 젊었을 때는 모두 다 부족
했던 것들이다. 그녀는 "핀치는 흥미로운 사람이다." 그리
고 "그는 자기 자신과 자신의 업적을 좋아하고 있다."라고

기록했다.

평생 핀치는 사후세계에 대한 믿음에 대해서 의문을 가져본 적이 없었다. 어렸을 때는 사후세계가 어떨까에 대해서 전혀 상상을 해본 적이 없었다. 중년이 되자 그는 '사후세계가 있을까?'와 같은 질문에 '매우 관심이 있다'고 대답할 정도로 성숙해졌다. 81세에 그는 하루에 여러 번 기도했으며 하나님과 사후세계에 대해서 의문의 여지가 없는 태도로 믿었다. 그의 불멸의 믿음이 그가 고난을 꿋꿋하게 헤쳐 나갈 수 있도록 해주었던 것이다.

모리스 에디(Morris Eddy)는 믿음과 믿고자 하는 의지에 대한 또 다른 훌륭한 예시가 된다. 그는 문화적으로 유대교인이었다. 에디의 부모가 유대교의 경축일을 기념하지도, 유대교의 관습을 지키지도, 유대교 회당에 나가지도 않았지만, 그의 아버지는 하나님에 대한 믿음이 깊었다. 그의 아버지는 그가 동일시할 만한 영적인 본보기보다는 엄격한 규율주의자의 본보기를 보여주었다. 그럼에도 에디의 아버지는 아들에게 어떤 종류든 믿음을 가지는 것이 필요하다는 인상을 남겼다.

청소년기에 에디는 수시로 말썽을 일으켰다. 학교 창문을 깨트리고, 자기네 차를 망가트리고, (마치 '경찰차라도 모는 것처럼 자기네 차를 몰다가' 체포되었을 때) 경찰관에게 부모가 누군지 말하는 것을 거부했기 때문에 유치장에도 갔었다. 그렇지만 그의 말썽 많은 청소년기가 계속되지는 않았다. 16세가 될 무렵에 에디는 "성격에 변화가 일어났다"고 생각했다. 그는 학교에서 존경받는 리더인 동시에 '풋볼 스타'가 되었다. 그는 성공적인 사업가가 되었는데 세상을 떠날 때 타임지가 그의 부고 기사를 실을 정도였다.

핀치가 오랫동안 성공회를 자신의 감정과는 무관하게 지적으로만 강하게 고수했던 반면에 에디는 하나님과의 개인적인 관계에 중점을 둔 종교적 지향성을 발달시켰다. 1940년에 있었던 하버드에서의 첫 번째 면접에서 에디는 종교를 믿어야 할지 여부 그리고 만약 믿는다면 어떤 종교를 선택해야 할지에 대해서 고민하고 있었다. 그의 가족은 종교적이지 않았고 그 자신도 유대교의 신념과 실천에 대해 그다지 동일시하지는 않았다. 하지만 그는 가족이 그가 유대교 신자인 여성과 결혼할 것이라고 기대할 것으로 예상했다. 그 후 2년 동안 에디는 천주교, 성공회, 그리고 크리스천 사이언스교[23]의 교회를 시험 삼아 다녀 보았다. 그는 종교를 '새 차를 사는 것'에 비유했다. 왜냐하면 각각이

---

23 올바른 지식을 갖추기만 한다면, 성경에 나오는 예수의 치유 사역을 실생활에 적용하는 것이 가능하다는 믿음을 공유하는 종교 단체로서 질병과 죽음은 존재하지 않으며 오직 질병과 죽음이 존재한다는 잘못된 믿음만이 존재한다고 주장함.

제공하는 가치를 확인하고 이것저것 둘러보아야 할 필요가 있기 때문이다. 그의 탐구적인 노력에도 불구하고 20대 후반에 그는 자신의 종교활동을 불만족스럽게 느꼈고 교회에 거의 가지 않았다.

몇 년 동안 에디는 점점 더 크리스천 사이언스를 공부하고 따르기 시작했다. 32세가 되었을 때도 교회의 성도는 아니었지만, 그는 자신이 근본적으로 "하나님이 나와 언제나 함께 한다."고 믿는다고 말했다. 그는 "더 강한 영적인 조화의 느낌"이 있게 될 것이라고 믿으면서 긍정적인 미래에 대해 전망했다. 42세 때 에디는 교회에 거의 나가지 않았지만 아침마다 10분 내지 15분 동안 성경과 크리스천 사이언스 글을 읽었다. 그는 조직화된 종교적 제도가 단지 '중간정도로 중요하다'고 본 반면에 하나님에 대한 개인적인 믿음을 가지고 자녀들에게 종교적인 지침을 제공하는 것은 '아주 중요하다'고 느꼈다. 그는 44세가 되면서 크리스천 사이언스 교회에 규칙적으로 출석했다. 48세에는 크리스천 사이언스교를 신실하게 믿고 있으며 "적어도" 일주일에 한 번은 교회에 간다고 적었다.

세월이 가면서 크리스천 사이언스가 에디의 삶에서 커다란 부분을 차지하게 되었지만 그의 믿고자 하는 의지를 특징짓는 동시에 이끌어 간 것은 하나님과의 개인적인 관계였다. 에디는 자녀들이 자신은 성장할 때 가지지 못했던 '하나님에 대한 깊은 이해'를 가졌으면 하는 소원을 갖고 있다고 말했다. 50세 때 그는 "신성한 사랑(하나님)은 모든 인간의 욕구를 충족시켜왔고 앞으로도 충족시켜 줄 것이다."라고 적었다. 그는 하나님에 대한 개인적인 믿음이 '아주 중요하다'고 느꼈다. 종교는 개인적인 관계이지 제도는 아니다. "하나님께 닿는 것은 조직화된 교회를 통해서가 아니라 스스로를 통해서다."

53세 때 에디는 이혼하고 훨씬 더 어린(첫 번째 아내보다 25살 어린) 여성과 재혼했다. 그는 역경을 극복하기 위한 인생철학이 "감사하고, 인간을 향한 무조건적인 사랑을 나타내며, (그리고), 하나님이 도와주실 것이라고 굳게 믿는 것이다."라고 적었다. 그는 "하나님은 내가 필요로 하는 것을 알고 계신다. 내가 듣기만 하면"이라고 말하면서 위기의 순간에 하나님에게 의지했다.

크리스천 사이언스교 신자로서 에디는 죽음이 존재하지 않는다고 믿었다. 하나님에 대한 믿음, 조직화된 종교, 자녀들에게 종교적인 훈련을 제공하는 것, 그리고 종교적인 질문들이 모두 그에게 아주 중요했다. 하지만 그는 영생이 어떤 것일지 전혀 상상할 수가 없었다. 그의 믿고자 하는 의지가 지나치게 맹렬했던 탓에 그는 전망 능력을 잃어 버렸다. 그는 미래의 대안적인 세계에 의해서 이끌리기보다는, 하나님과의 관계와 경험에 초점을 맞춘 현재에 매몰된 삶을 살았다.

에디는 73세 때 종교와 하나님의 모든 측면이 그에게 '매우 중요하다'는 것을 깨달았다. 그는 여전히 죽음 같은 것은 존재하지 않는다고 믿었다. 그렇지만 마침내 죽음이 오고야 말았다. 에디는 78세 때 사망했는데, 독실한 크리스천 사이언스교 신자로서 자신의 의지에 따라 갑상선암을 치료받지 않았기 때문이었다. 결국 대부분의 동기들보다 앞서 간 것이었다. 만약 러브 판사를 건강이 매우 좋았던 무신론자라고 한다면, 에디는 믿고자 하는 독실한 의지가 목숨을 앗아간 사례에 속했다. 물론, 많은 크리스천 사이언스교 신자들이 장수하고 아주 좋은 건강을 누리기도 한다.

6장

희망, 전망, 그리고 상상

우리가 이제는 거울로 보는 것같이 희미하나 그 때에는 얼굴과 얼굴을 대하여 볼 것이요,
이제는 내가 부분적으로 아나 그 때에는 주께서 나를 아신 것같이 내가 온전히 알리라
고린도전서 13장 12절(KJV)[1]

이전 장에서 우리의 천국에 대한 개념이 믿음과 '믿고자 하는 의지'에서 비롯된다고 제안했지만, 이에 동의하지 않는 사람도 많을 것이다. 스미스대학교 세계 종교학과의 교수인 캐롤 잘레스키(Carol Zaleski)는 사후세계에 관한 선도적인 학자들 중 하나다. 그녀는 "윌리엄 제임스가 모든 증거를 손에 쥐기 이전에도 무언가를 믿을 권리가 존재할

수 있다고 주장했던 것처럼, 나는 사후의 축복받은 상태를 상상할 권리를 옹호할 것이다."[2]라고 말한다.

잘레스키는 "전국여론조사센터와 국제사회조사프로그램에서 앤드류 그릴리(Andrew M. Greely)와 동료들이 수행한 연구들은 무엇보다도 사람들(사실상 조사대상의 압도적인 다수)이 자신이 사랑받는다고 믿기 때문에 사후세계를 믿는다는 것을 보여준다."[3]고 언급했다. 간단히 말해서, 천국은 단지 믿음에 관한 것이 아니라 희망과 사랑에 관한 것이라는 점이다. 이 장에서 나는 희망에 초점을 맞출 것이다. 희망은 심오한 상상력을 다가올 세계에 대한 전망과 통합시킨다.

천국과 사후세계가 죽음, 너무나 끔직해서 생각조차 할 수 없는 죽음에 대한 공포를 부인하는 방책일 뿐이라고 생각하는 비신앙인들에게 잘레스키의 학문적 견해는 일종의 도전이 된다. 사실상 세속적인 신학자와 종교적인 신학자 모두 신앙에 대한 회의론자들의 견해가 틀렸다고 생각한다. 잘레스키는 "사후세계에 대한 믿음이 죽음에 대한 자각을 차단한다는 증거는 없다."[4]라고 아주 단호하게 말한다.

바우마이스터와 동료들은 500명을 대상으로 기발한 연구를 진행했다. 연구 참여자들은 무선호출기가 울릴 때마다 그때 하고 있는 생각을 기록했다. 많은 생각들이 미래에 대한 것이었다. 하지만 죽음이 사람들의 마음에 있는 것 같지는 않았다. 500명의 조사 대상자들이 생각 목록 중에서 '죽음' 칸에 표시한 경우는 전체 응답 시간의 겨우 1% 정도였다.[5]

천국에 대한 희망은 초기 그리스 철학에 뿌리를 두고 있다. 기원전 4세기에 플라톤은 소크라테스와의 대화를 기술하고 있다. 거기에서 소크라테스는 다음과 같이 선언하였다. "내가 말하건대, 그 자체가 보이지 않는 영혼은 보이지 않는 세계, 신성하고 불멸하며 이성적인 곳을 향해 떠난다네. 그 곳에 도달하면 영혼은 더할 나위 없는 행복 속에서 살게 되며 인간의 실수와 어리석음, 공포와 격정, 그리고 그 밖의 모든 인간적 불행으로부터 해방되어, 마치 비교(秘敎)의 전수자처럼, 신들과 함께 영원히 살게 된다네."[6] 하지만 20세기 심리학자들처럼 플라톤은 감정/열정을 피하고 이성을 추구했다. 예수가 사망하고 얼마 지나지 않았을 때, 사도 바울이 고린도전서 13장에서 '믿음, 소망,[24] 사랑'이라는 긍정 감정에 존엄성을 부여한 후에야 천국이 플라톤이 말하는 '불멸과 이성'뿐만 아니라 가슴으로 느끼는 감정들의 장소가 될 수 있었다(마찬가지로 셀리그만의 21세기 긍정심리학은 스키너식 심리학의 족쇄로부터 20세기 심리학을 해방시켰으며 『호모 프로스펙투스』[7]와 같은 저서들을 탄생시켰다.)

---

24 앞서 밝혔듯이 이 책에서는 심리학적 용례에 따라 'hope'를 희망으로 번역했으나, 여기서는 성경번역본 대로 소망으로 표기함.

일반적으로 사람들은 사후세계에 대한 기독교적인 믿음은 예수의 부활에 대한 믿음과 관련 있다고 생각한다. 하지만 잘레스키는 "부활은 죽음을 취소시키는 것이 아니라 변형시키는 것이다."[8]라고 주장한다. 특히 그녀는 "우리가 예수와 함께 있게 될 것이며 하나님을 보게 될 것이다. 그리고 본질적으로 우리의 희망은 바로 이러한 전제들과 놀라운 미스터리 안에 있다. 우리의 상상력은 이 정도로 높은 곳까지 도달하기 어려울 수도 있지만 우리의 가슴은 너무나 본능적으로 그리고 완전하게 도달할 수 있다."는 점들을 아는 것만으로도 충분하다고 제안한다.

시인 단테는 천국에 대한 세세한 묘사가 죽은 후에 어떤 일이 일어날지를 전망하거나 상상하는 하나의 방법이며 현재보다 더 나은 미래를 향한 희망과 경외감을 표현하는 하나의 방법이라는 점을 누구보다도 잘 보여주었다. 모든 위대한 예술작품에서 표현되었듯이 상상은 사람들이 이성에 의지하지 않고도 느낄 수 있게 하고 증거 없이도 전망할 수 있게 돕는 능력이다.

상상력은 인간을 동물과 구분해준다. 우리는 실제로 존재하지 않는 것을 실재하는 것처럼 상상할 수 있다. 그리고 그것들이 실상이 아니라는 것을 '아는' 능력도 가지고 있다. 그럼에도 불구하고, 상상은 지각과 감정, 기억, 습관, 선택

등 다른 뇌 기능들을 결합시킨다. 종종 그 결과는 '진짜보다 더 진짜같이 느낄' 수 있는 심오한 경이감과 경외감이다. 잘 레스키는 "또 다른 세계는 이쪽, 우리가 아는 유일한 이쪽에 근거한 상상이다. 그러나 만약 우리가 그것을 단순히 꿈 같다거나 인간의 의식과 문화가 투영하는 여러 가능한 세계들 중의 하나라고 생각한다면 우리는 사후세계를 만족스럽게 그려내지 못할 것이다…… 궁극적으로 기독교인들이 바라는 것은 집단적인 자각이며 진짜 세계로 들어가는 것이다. 우리의 현재 세계는 이러한 진짜 세계에 비하면, 거의 존재하지 않는 것이나 다름없다."9)고 적고 있다.

아마도 이러한 상상과 전망의 개념이 가장 큰 영향을 미치는 영역은 '임사체험(臨死體驗)'이라는 영적이고 신경생리학적인 사건을 이해하려는 인류의 노력이 될 것이다. 임사체험이 처음으로 광범위한 관심을 받게 된 것은 1977년 레이몬드 무디(Raymond Moody)가 수백만 부가 팔렸던 저서 『삶 이후의 삶(Life after Life)』을 출간하면서부터다. 1981년의 갤럽 조사에서 미국 전국 표본의 15%가 죽음에 가까이 갔던 적이 있다고 응답했다. 그 중에서 3분의 1은 그 에피소드를 통해 의식의 황홀경 혹은 종교적인 환영을 경험했다고 주장했다. 그런 경험들은 신체로부터의 분리, 어둠이나 터널 속을 헤매기, 죽은 인척과의 조우, 과거 기억들의 파노라마 같은 재생, 빛의 감각과 사랑의 느낌에 빠지는 것, 그리고 의지와 상관없든 의지에 따른 선택이든 마침내 삶으로 되돌아오는 것을 포함한다. 그런 경험들은 우리가 천국의 특징들을 한층 더 개념화하는 데 도움을 주었다.

세속적이든 신성하든 그 설명이 무엇이든 간에 임사체험은 매우 영적이다. 신학자들은 임사체험이 심오한 종교적 깨달음과 공통점이 많다고 생각한다. 임사체험과 연관된 종교적 경험은 이례적일 만큼 진짜처럼 보인다. 그 경험들은 절대 잊히지 않는다. 그 경험들은 이타적인 관심을 증가시키며 긍정적인 후속 효과를 지속적으로 나타낸다.[10]

리사 밀러는 침례교 목사인 돈 파이퍼가 '임사체험'이 아니라 '천국'을 체험한 것이었다고 주장한 극적인 경험을 다음과 같이 기술했다.[11] 엄청난 베스트 셀러가 된 『천국에서의 90분』[12]에서 파이퍼는 그 경험을 다음과 같이 묘사했다. 날씨가 나빴던 어느 날 좁은 다리 위에서 파이퍼 목사의 세단형 경차가 대형트럭과 충돌했다. 현장에 도착한 구급대는 파이퍼 목사가 사망했다고 선고했고 그의 차에 방수포를 덮었다. 그 사고 직후에, 파이퍼는 그와 안면이 있는 한 커플이 그의 쭈그러진 차 옆에 멈추었고 하나님의 독촉으로 그 방수포를 벗겼다고 주장한다. 맥박이 정지한 파이퍼를 본 그들은 기도를 하고서 찬송가 '죄 짐 맡은 우리 구주'25를 부르기 시작했다. 파이퍼가 찬양에 합류했을 때, 구급대원이 "그가 살아있어요!"라고 외쳤고 그의 친구들이 몰려들었다.

6백만 부가 팔린 그의 책에서 그리고 셀 수도 없이 많이 이어진 후속 강연에서, 파이퍼는 몸을 감싸는 빛과 강렬한 기쁨의 느낌에 관해 언급했다. 그는 "한 순간 나는 살아 있었다. 그리고 다음 순간 나는 천국의 문 앞에 서 있었다." 라고 적었다. 그는 화려하게 장식된 문 앞에 서 있었던 것과 그의 조부와 증조모를 포함해서 친숙한 한 무리의 사람들에게 환영받았던 것을 기억했다. 그의 조부와 증조모는 노쇠하셨을 때 치아가 없었지만 지금은 모든 치아가 제대로 있는 모습이었다. 부상으로 인해서 고통스러운 입원 생활을 6개월 동안 한 다음에 파이퍼는 전설이 되었다. 그의 삶은 강연자로, 그리고 천국의 존재에 대한 살아있는 증거로 영원히 바뀌었다.

천국에 대한 우리의 상상에 기여하는 보다 최근의 증거는 신경외과의사인 에븐 알렉산더(Eben Alexander)다.13) 그는 『천국의 증거』라는 책에서 전문작가의 도움을 받아 자신의 임사체험을 생생하게 풀어나갔다. 이 책은 수백만 부가 팔렸으며 아마존에서 8천 개에 달하는 긍정적인 리뷰가

---

25 이 찬송가의 영어 제목은 'What a Friend We Have in Jesus'임.

달렸다. 이 책을 표지에 실었던 뉴스위크지에서 발췌한 내용을 인용하자면, "내 여행의 대부분 동안 누군가가 나와 함께 했다. 한 여성…… 내가 그녀를 처음 봤을 때 우리는 복잡한 패턴이 그려진 표면 위에 같이 타고 있었다. 잠시 후에 나는 그것이 나비의 날개라는 것을 알아차렸다…… 그녀는 낭만적인 표정은 아닌…… 어떤 표정을 하면서 나를 바라보았다. 우정의 표정도 아니었다. 그 표정은 이런 모든 것들을 넘어선, 우리가 여기 지상에서 가지고 있는 여러 다른 종류의 사랑을 넘어서는 어떤 것이었다…… 어떤 말도 사용하지 않은 채 그녀는 내게 말했다…… 그 메시지는 세 부분이었다. 내가 지상의 언어로 그 메시지를 번역한다면, 아마도 이런 말이 될 것 같다.

'당신은 정말 영원히 사랑받고 소중한 존재로 받아들여진다.'
'당신은 두려워할 것이 전혀 없다.'
'당신이 잘못할 만한 것은 전혀 없다.'"

한 책 광고에서는 그 자신의 임사체험 베스트셀러를 낸 지 40년 만에 레이몬드 무디가 "알렉산더 박사의 임사체험은 40년 넘게 이 현상을 연구해오면서 들었던 것 중 가장 놀라운 것이다. 그는 사후세계의 살아있는 증거다."라고 말했다는 것을 인용했다. 잘레스키의 표현을 빌리자면, 그는 "상상력의 살아있는 증거"이기도 하다.

상당수의 부정적인 리뷰가 왜 알렉산더의 주장이 순전히 공상에 불과한 것인지에 대해 증거를 바탕으로 지적하고 있지만, 그의 중요한 메시지는 잘레스키의 메시지와 똑같다. 천국은 미래의 삶에서 우리 모두가 하나님의 무조건적 사랑을 영원히 경험하게 될 것이라고 전망하는 곳이다.

한 긍정적인 아마존 리뷰는 "난 뭐라고 말해야 할지 모르겠다. 단지 이 이야기가 진정성을 가지고 있다는 말밖에. 그가 언급한 사실들을 체크해보지는 않았다. 그리고 솔직히 말해 나는 건전한 회의주의적 태도를 갖고서 이 책을 집어 들었다. 너무나 많은 사람들이 다른 사람들의 영적인 취약성, 즉 속아 넘어가기 쉬운 특성을 이용해 손쉽게 돈을 벌려고 한다. 하지만 성경에 대한 나의 이해와 나 자신의 내적인 '진실 측정기'에 근거하면…… 나는 이 책이 기독교 신자였던 사랑하는 이들을 잃은 사람들에게 진정한 위안을 제공하는 것 같다…… 그리고 스스로 죽음을 직면하고 있는 사람들에게 이루 말할 수 없는 격려가 될 것 같다."

임사체험과 비슷하게 유체이탈 상태는 심오한 종교적 경험들, 영적인 경험들, 그리고 신비체험들에서 셀 수도 없이 많이 보고되어 왔다. 그러한 경험의 특징은 긍정적 감정

경험, 세상과 하나가 되는 느낌, 형언할 수 없는 환희, 성스러운 느낌이다. 미국인 중 약 33%는 신비한 경험을 했다고 보고했으며, 41%는 삶을 변화시킨 깨달음이나 종교적 체험을 경험했다. 영적인 경험, 신비체험, 그리고 임사체험이 대단히 사실적이라는 점에 주목할 만하다. 그런 경험들이 일상의 현실보다 더 진짜 같은 것으로 기술되는 경우가 많다. 한 연구에서 오직 8%만이 그 경험이 일상의 현실보다 덜 진짜 같았다고 보고했다.

임사체험과 신비체험은 천국의 특징을 한층 더 잘 개념화하는 데에 많은 도움이 되었다. 천국에 대한 이러한 개념화는 많은 이들에게 미래를 향한 지속적인 희망을 고무시킨다. 그러한 설명이 세속적이든 신성한 것이든 간에 그 경험들은 심오한 것이며 사후세계에 대한 우리의 상상에 불을 붙인다.

그랜트 스터디 참여자들 중 한 명인 헨리 크리스천(Henry Christian) 박사는 유년기 때 말썽꾸러기였다. 단테의 문학적 상상력이나 알렉산더 박사의 대필작가는 없었지만, 크리스천 박사의 천재적인 과학정신은 이타주의라는 열정적인 적응기제에 매달렸다. 이타주의는 당신이 받았으면 하는 바로 그것을 다른 사람에게 베푸는 것이다. 간단히 말해서, 크리스천의 이타주의는 베토벤의 상상력 넘치는 승화만큼이나 천재적이었다. 베토벤은 완전히 귀머거리가 되는 것에 대한 그의 격노와 절망을 누그러뜨리기 위해서 쉴러(Schiller)의 '환희의 찬가(Ode to Joy)'를 승리를 기뻐하고 환호하는 분위기의 곡에다 붙였다. 크리스천 박사의 내면에서 사납게 휘몰아치는 것 역시 똑같은 열정이었다. 그는 이러한 감정을 엄격하지만 공감적인 통제하에 두었다.

(내가 말하고 싶은 것을 분명히 하자면, 우리는 우리의 열정을 건강염려증과 행동화(울화통을 터뜨리는 것)를 통해서 자기애적인 방식으로 다룰 수도 있고, 아니면 이타주의와 유머, 승화처럼 공감적인 방식으로 다룰 수도 있다는 것이다. 이러한 적응기제(방어기제라고도 알려져 있기도 한)는 의식적인 조절하에 있지는 않지만 우리의 상상력이 아주 훌륭하게 사용되는 예이기도 하다.)[14]

그랜트 스터디 연구진은 처음에 헨리 크리스천을 "에너지가 부족하고…… 측은할 정도로 진지하고 상상력이 부족하다"라고 기술했다. 하지만 어느 숙련된 임상가는 "크리스천은 열정적인 사람이다."라고 확신에 찬 기록을 남겼다. 많은 이타주의자들처럼 크리스천은 죽을 때까지 삶의 잠재적인 풍요로움과 따뜻함을 자신이 실제로 받는 것보다 훨씬 더 많이 상상하고 베풀 수 있었다.

크리스천은 그랜트 스터디 참여자들 중에서도 가장 비참한 아동기를 견뎌냈던 사람들 중 하나였다. 그가 태어난 직후에 어머니는 2개월 동안 입원해 있었으며 그의 아동기 내내 상상의 질병들로 그를 계속 괴롭혔다. 우울증으로 고통 받았던 어머니는 그 앞에서 빈번하게 위통, 현기증, 그리고 천식발작을 보였다. 한 번은 크리스천에게 어머니가 곧바로 그 자리에서 죽을 것처럼 믿게 만들기도 했다. 어머니의 '통증'이 진짜였는지에 대한 증거는 없었다. 하지만 그녀는 자신의 모든 질병이 바로 크리스천을 낳았기 때문이라고 그가 믿게 만들었고, 그에게 끊임없는 죄의식과 수치심을 불어넣음으로써 그를 컨트롤했다.

처음에 그랜트 스터디는 크리스천 박사의 탁월한 상상력 때문에 방향을 잘못 잡았고, "그의 어머니에 대한 애착은 연구에 참여한 다른 수검자들만큼 경건하고 지속적이었다."고 기록했다. 하지만 그의 어머니는 '너무나 통증이 심해서' 면접자를 만나기 위해 아래층으로 내려올 수 없었기 때문에 그랜트 스터디 연구진은 그의 어머니를 한 번도 만나볼 수 없었다. 직관력이 있었던 한 면접자는 "뭔가 문제가 있음이 틀림없었지만 찾아낼 수는 없었다."라고 기록했다. 게다가 크리스천은 "나는 불쾌했던 일들은 꼭 잊어버린다."면서 아동기 시절에 문제가 있었다는 이야기를 전혀 꺼내지 않았다.

처음에 크리스천은 그의 화를 동물들한테 풀었다. 6세

때 그는 고양이들을 학대했다. 그러나 파괴적인 동시에 잠재적으로 가학적인 적응양식을 지속하는 대신에 '반동형성'을 통해 갈등에 반대되는 행동반응을 나타냈다. 그는 동물들을 향한 모든 잔인함에 대항하는 보호자가 되었다. 15세가 되었을 때, 그는 사냥개를 학대하는 아버지를 경멸했다. 게다가 그는 오로지 소비용으로 사육된 동물들도 도살될 때는 고통받지 않아야 한다는 열정적인 확신을 가지게 되었다. 조금 이해하기는 어렵지만, 그는 어린 동물들의 고통을 모면하게 해줄 수 있는 것은 자기뿐이라고 생각하면서 자기가 직접 할아버지 농장의 송아지들을 도살하겠다고 고집했다. 그의 시각에서 보면, 하나님은 크리스천이 어머니의 지배에 대해서 분노를 드러내는 것을 금했다. 대신에 그는 "나는 어렸을 때부터 의사가 되어서 어머니를 고치고 싶었다."라고 적었다.

크리스천의 어머니는 "상당히 독실하며" 집에서 그에게 성경을 가르친 것으로 기록되어 있었다. 그는 주일학교에서 예수나 하나님에 대해서 많이 알려주지는 않았지만 "옳고 그름"의 가치에 대해서 배웠다고 말했다. 대체로 그는 '비교적 개인적인 하나님'을 믿었다. 그는 하나님이 언제나 존재한다고 느꼈고, 규칙적으로 기도했으며, 사후세계에 대한 믿음을 가지고 있었다. 핀치 목사의 경우와 마찬가지로 크리스천에게도 종교가 일종의 도피처가 되었다. 청소년 이었을 때 그는 "확고하게 종교적인 사람"으로 보였다. 그가 13세였을 때 그의 어머니는 유산을 했고 다시 우울해졌다. 40년이 지난 후에도 여전히 그는 이 때 절망과 두려움을 느꼈던 것으로 기억하지만, 그 일이 자신에게 "커다란 종교적인 영향"을 끼쳤다고 서술했다. 그는 어머니가 죽지 않기를 원하는 바람 속에서 종교적인 의식에 몰두하게 되었다. 어머니가 회복된 후에 그는 "종교적인 감사"를 느껴 규칙적으로 기도하기 시작했다고 기억했다. 어머니가 파놓은 죄의식의 함정 때문에 화를 내는 대신에 그는 사람들을 돕겠다고 맹세했으며 평생 그 맹세를 지켰다. 그의 지배적인 적응기제가 반동형성에서 공감적인 이타주의로 대체된 것이다.

하버드 재학시절에 크리스천은 자신의 하나님을 묘사할 수 없었다. 면접자는 크리스천이 종교를 논리적이거나 지적인 방식으로 이해하고자 하는 욕구를 가지고 있지 않은 것처럼 보인다고 지적했다. 대학시절 그가 일요일에 교회에 가는 일은 '드물었다.' 하지만 하버드 대학교 채플에서 하는 이른 아침 예배에는 자주 갔다.

여가 시간에 크리스천은 수학책을 읽었으며 "끔찍한 수학 문제를 푸는 것"이 취미라고 말했다. 면접자에게 자신이 사람보다는 사물을 좋아한다고 말했음에도 불구하고 그는 의학을 공부하기로 마음먹었다. 그는 물리학을 전공했고 수학에 대한 관심을 의학 분야에 적용해보고 싶다는 꿈을 가지고 있었다. 그는 의대를 우수하게 졸업했지만 상당히 우울해 했다. 그는 자신의 직업 선택에 만족하지 않았고 수학을 공부하기를 바랐다고 설명했다. 수학문제를 풀면 잠시나마 기분이 좋아졌다.

연구진은 크리스천이 폭력적인 의사로 성장해서 가족의 비극을 되풀이할까봐 걱정했음에도 불구하고, 오히려 그는 가족에게 헌신하고 인류를 위해 봉사하는 삶을 살았다. 아마도 그의 문제를 완화시켜준 요인들은 그 자신의 성숙과 더불어 성공회 신자이면서 간호사인 그의 아내 벳시와의 결혼이었을 것이다. 그는 의대를 졸업한 직후에 약혼했으며 그 해 하반기에 결혼했다. 결혼은 그를 완전히 탈바꿈시켰다. 한 면접자는 크리스천과 그의 아내를 "지금까지 면접했던 사람들 중에서 가장 행복한 커플"이라고 기록했다. 벳시와 그녀의 아버지는 크리스천이 의학 공부를 계속해서 인턴과정에 들어가도록 설득했다. 그는 연구진에게 "세상이 내게 빚진 것보다 내가 세상에 빚진 것이 훨씬 더 많다. 난 이 엄청난 빚을 언젠가 갚을 수 있기를 바랄 뿐이다."라고 썼다.

그 이듬해에 크리스천 박사는 직업적 관심의 방향을 연구 쪽으로 바꾸고 군의학연구소에서 일하기 시작했다. 청소년이었을 때 동물들을 해치지 않기 위해서 애썼던 것처럼, 그는 자신의 위험한 생물학 무기 연구가 해를 입히기 위한 목적이 아니라 치유를 위해서 사용되는 상상을 했다. (그는 여전히 송아지들을 고통 없이 죽게 함으로써 자신의 도덕성을 확보하려 애쓰고 있었다.) 30대에 그는 생물물리학과 조교수가 되었다. 그는 직접 치유 쪽의 경력을 쌓지 않고 과학무기연구에 참여하는 것에 대해서 계속 갈등하고 있었다. 그는 "과학자가 우리 '삶의 다른 단계들'에 기여할 수 있는 공헌에 관심이 있었다." 마침내 그는 UCLA에서 교수직을 얻게 되었으며 생물물리학과의 학과장이 되었다. 그는 잠정적으로 위험할 수도 있지만 자신의 생물학적 무기에 관한 지식을 세계보건기구와 공유하는 데 열심이었다.

30대 초기에 크리스천 박사 부부는 회중파교회에 출석했으며 첫 아이를 교회학교에 보냈다. 또 그는 그 교회가 "엄청난 영성의 세계"를 보여준다고 적었다. 근본적인 믿음에 대해 질문 받았을 때, 크리스천은 여전히 모호한 태도를 보였다. 그는 단지 "이것들을 표현하기가 어렵다."라고만 적었다. 그는 자녀들이 "종교적이고 도덕적이며 윤리적인 훈련을 받도록 하기 위해서" 주일학교에 보냈다. 33세에 그는 아내의 종교인 성공회로 개종했고 한 달에 두 번씩 교회에 나갔다. 40대에 그는 거의 교회에 가지 않았고 자녀들도 더 이상 교회와 관계가 없었다. 그럼에도 불구하고, 46세에 그는 "아마 잘 드러나지 않겠지만, 여전히 나의 종교적 느낌은 비교적 강렬하다."라고 기록했다. 크리스천 박사는 여전히 열정적인 사람이었다. 그가 47세일 때 그를 면접한 후 나는 다음과 같이 기록했다. "마치 연기를 내뿜고 있는 화산과 담소를 나누는 것 같았다."

40대 중반에 크리스천은 아내가 우울해졌으며 이혼을 고려하고 있다고 보고했다. 48세에, 벳시가 그를 떠나갔다. 그는 나중에 이 '이별'을 자신의 삶에서 가장 불행했던 일이라고 기술했다. 그럼에도, 크리스천은 그랜트 스터디 연구진에게 "내 어머니의 건강은 그 어느 때보다도 좋다."라며 재치있게 말했다. 마침내, 그는 청소년기에 그를 연구했던 많은 임상가들한테는 너무나 자명해 보였던 사실, 즉 그의 어머니가 아들들에게 폭군 같은 통제를 유지하기 위해서 여러 상상의 질환을 이용해왔다는 사실을 깨닫게 되었다. 58세 때 면접에서 처음으로 크리스천은 어머니 밑에서 자란 것이 어떤 것이었는지에 대해 말했다. 면접자는 "심리적인 구속, 다시 말해서, 어머니가 자신과 아들 사이에 구축한 의존성이 그를 어머니의 속박 안에 단단히 가두었다."라고 기록했다.

이 힘든 시기 동안에 크리스천은 "주로 나의 신앙심과 어린 시절의 훈련"이 부부 사이의 괴로움을 이겨내는 데 도움이 된 것 같다고 응답했다. 하나님에 대한 개인적인 믿음이 '매우 중요하다'고 느꼈지만, 그는 조직화된 종교적 제도는 '약간 중요하거나 전혀 중요하지 않다'고 보았다. 그는 철학적/종교적 작가들에게는 별다른 관심을 보이지 않았다. 자녀들에게 종교적 훈련을 제공하는 것은 '중간 정도'로 중요하다고 보았다. 그는 사후세계에 대한 믿음을 계속 가지고 있었다. 그는 "처음에 나는 의심을 가지고 있었다. 그들은 어떻게 아는 것일까? 증거는 무엇일까? 과학적인 증거는 없다. 개인적인 통찰은? 죽은 친구와 가족들의 기억에 대한 몇 가지 체험이 나로 하여금 그들이 아마도 거기에 여전히 있을 것이라고 느끼게 만들었다." 그의 희망과 상상이 의학 훈련을 이기고 승리한 것이었다.

이혼의 상처에도 불구하고, 그와 아내는 친구로 남아있었고 곧 그 둘 사이는 다시 가까워졌다. 60세에 크리스천은 벳시를 더 자주 보기 시작했고 64세에는 같이 타운하우스를 구입해서 함께 거주하기 시작했다. 3년 후에 그는 아내와의 재결합을 "지난 10년간 일어났던 가장 의미 있는 인생 사건"이라고 평했다. 평생 처음으로 그는 위기를 겪을 때 하나님뿐만 아니라 "다른 사람들"에게도 의지한다고 적었다. 세월이 흐르면서 크리스천은 다른 사람들을 사랑하는 것을 상상하는 법뿐만 아니라 다른 사람들로부터 사랑을 받을 줄 아는 법도 배우게 되었다.

　크리스천은 아내와 재결합하고 66세까지 계속 일을 했는데 더 이상 일 때문에 우울해 하지 않았으며 "많은 즐거움을 경험하고 있었다." 이듬해에 그는 은퇴했다. 그리고 그때까지 말주변이 없었던 수학자가 자신과 아내의 윗세대 가족들의 삶에 대한 에세이를 쓰기 시작했다. 그것은 자녀들이 그들의 유산(遺産)을 더 잘 이해할 수 있도록 돕기 위함이었다. 그는 시각적 체험 예술에 새로운 관심을 가지게 되었고 자녀랑 손주들과 점점 더 많은 시간을 보냈다.

　일생 동안 크리스천은 종교를 삶의 성숙한 철학을 얻기 위한 길이라고 생각했다. 그는 "목사들을 포함해서 많은 내 친구들이 자신의 종교를 정당화하기 위해서 과학에 의지하는 것처럼 보인다. 내 생각에는 이것은 과학과 과학의 잠재력에 대한 오해로 보인다. 어떻게 보면 과학과 종교는 상호 보완적이다." 생을 마감할 무렵에 그는 "나는 기독교 신자다. 나는 내가 기독교 신자라는 것을 안다."라고 적었다. 그는 "하루에 한 번 이상" 개인적인 영적 활동을 했으며 더 높은 존재와 조우(遭遇)하는 경험을 분명히 체험했다.

그는 '아침에 잠자리에서 당신을 일어나게 하는 것은 무엇인가요?'라는 질문에 "내 아내 벳시다. 아내가 아침을 먹으라고 부른다."라고 대답했다. 자신이 받지 못했던 것을 다른 사람들에게 베풀고자 했던 그의 희망에 찬 노력에도 불구하고, 그리고 고난이 많았던 결혼생활에도 불구하고, 아마도 간호사였던 벳시는 그의 학대적인 어머니를 미화하려고 애썼던 이 남자에게 진짜 필요했던 것을 주었던 것 같다. 그녀는 그가 한 때 사후세계에 대해 갖고 있었던, 아이처럼 천진난만한 믿음을 유지할 수 있게 도와주었다. 하지만 날카로운 칼날을 쟁기의 날로 연마한 것은 그의 상상력과 이타주의적 창의성이기도 했다. 크리스천의 경우, 지상에서의 힘든 삶 동안 천국에 대한 전망을 향상시키고 유지시켰던 것은 믿음과 사랑이었다. 그의 이타주의는 휴머니즘을 넘어서 확장되었던 것이다.

희망은 자기 자신 혹은 다른 사람을 위해 더 나은 무엇인가를 상상하면서 모든 시련을 견뎌내게 하는 것이다. 핀치와 에디의 '믿음과 믿고자 하는 의지'를 크리스천 박사의 희망 및 상상과 비교해 보자. 핀치와 에디는 둘 다 그다지 힘든 삶을 살지는 않았다. 아마 틀림없이 희망이 삶의 난관에 대처하는 데는 상대적으로 더 높은 회복탄력성을 제공해 주는 방법일 것이다. 왜냐하면 희망은 지금 여기에 있는 것을 넘어서는 어떤 것, 상상할 수 있는 그 무엇보다 더 큰 어떤 것, 오로지 '희미하게 거울로 보이는' 어떤 것을 전망하는 능력에 해당되기 때문이다.

믿음, 희망, 사랑…… 인류를 위한 신비로운 합일. 이 얼마나 멋진 미스터리인가, 이 얼마나 멋진 상상인가, 이 얼마나 시적인 아름다움인가! 하지만 이보다 더 중요한 것은 영생이 이해할 수 없을 만큼 우리를 앞으로 이끌어가는 대단한 개념이라는 점이다. 나는 그것이 왜 우리가 마음속에 천국을 담는 능력을 진화시켰는지, 왜 우리가 전망하는 능력을 진화시켰는지, 왜 우리가 무엇인가 더 나은 것에 대한 믿음, 즉 우리가 사랑이라고 통칭하는 무언가 영원한 것에 대한 희망을 간직하는 능력을 진화시켰는지에 대한 이유라고 추측한다.

7장

그러나 우리는 과학에도 관심을 가져야 한다

이제 우리는 자주 사람들을 죽음으로부터 불러오기 때문에 그들이 죽어있는 동안에 무슨 일이 일어나는지를 물어볼 수 있다. 그들의 회상은 육체가 죽은 다음에 인간의 의식에서 무슨 일이 일어나는지에 대한 과학적 탐구를 가능하게 하며, 이는 마음에 관한 새로운 과학적 이론으로 향하는 길을 보여준다.

『죽음 지우기』의 리뷰: 브루스 그레이슨(Bruce Greyson)
의학박사이자 버지니아대학교 정신의학과 및 신경행동과학과 칼슨 명예교수

심폐소생술의 선도적인 전문가가 최근에 발간한 지혜로운 책 『죽음 지우기(Erasing Death)』[26]는 사후세계의 실상을 진지한 과학적 연구 속으로 가져왔다. 사실상, 임사체험은 1975년 레이몬드 무디의 획기적인 저서인 『삶 이후의 삶』

---

26 국내 번역서의 제목은 '죽음을 다시 쓴다'임.

이 나오기 전까지는 체계적으로 보고된 적이 없었다.

그리고 그 당시에도 무디의 저서는 '유사심리학(para-psychology)'[27]으로 여겨졌었다. 21세기에 소생술과 뇌파기록장치가 발달해서 과학자들이 임사체험은 오직 뇌사 상태에서 뇌파가 '일직선'을 그릴 때에만 발생할 수 있다는 것을 관찰하고 기록할 수 있게 되기 전까지 말이다.

전망처럼, 육체가 죽은 다음에 인간의 의식에서 어떤 일이 일어나는지에 대한 과학적 탐구는 마음에 대한 새로운 과학적 이론으로 향하는 길을 제시한다. 심폐소생술을 통해서 생명을 살리는 새로운 방법을 찾아가는 과정에서 파르니아(Parnia)와 동료들은 사후세계 체험을 종교적 믿음의 영역으로부터 과학의 영역으로 가져왔다.

조 티라로시(Joe Tiralosi)의 사례를 묘사하면서, 파르니아 박사는 심장이 뛰고 있지 않았던 한 남자의 이야기를 했다. "그는 다정함과 따뜻함을 주었던, 신비롭게 빛나면서 사랑과 자비가 넘치는 느낌을 주는 존재를 만나게 되었다. 이 존재와의 만남은 말로 형언할 수 없는 것이었다. 그는 자신의 느낌을 충분히 묘사할 수 있는 알맞은 말을 찾을 수가 없었다. 그의 표현으로는, 이 만남과 전체 경험이 '다른 쪽에' 갔을 때 어떤 모습일지를 알게 해주었기 때문에 그를 편

---

27 초자연적인 심리 현상을 다루는 학문 분야.

안하게 해주었다. 그는 이 신비로운 빛나는 느낌을 경험했기 때문에 더 이상 죽음을 두려워하지 않게 되었다고 말했다. 이 존재 혹은 느낌이 무엇이든 그를 완전히 변화시켰다…… 티라로시는 빛나는 존재를 만난 것이었다. 그리고 그 만남을 시작으로 남편으로서, 친구로서, 그리고 아버지로서, 자신의 역할에 대해서 새롭게 이해할 수 있게 되었다. 그런 사건을 경험했다고 보고한 여느 사람들처럼 그는 이 느낌을 통해서 덜 유물론적[28]으로 되고 더 이타적으로 되었다."[1]

이런 경험에 대한 합리적인 설명 중 하나는 고통스러운 죽음의 순간에 뇌가 죽어가는 사람들을 편안하게 해주는 내인성 아편을 방출한다는 것이다. 이러한 설명 방식의 문제는 수술 후에 처방된 아편으로 인한 행복이 그런 생생한 기억을 만들어 내지도 않을 뿐만 아니라 삶을 변화시키는 경험도 만들어내지 않는다는 것이다. 산소결핍도 설명으로 등장했지만, 두 개의 연구에서 충분한 산소공급에 대한 실험실 증거가 발견되어 이 설명도 제외되었다.[2]

파르니아는 "우리는 의학과 종교가 공존하려고 시도하지만 종종 심하게 서로 배척하는 사회 속에서 이러한 문제

---

28 유물론에서는 정신 현상의 주관성보다는 물리적 현상의 객관성을 더 중시함.

에 대한 답들을 이제 막 찾기 시작하고 있다. 우리가 죽을 때 무슨 일이 일어나는지에 대한 그 미스터리는 누구나 한 번 생각해볼 만한 것이고 우리 모두 명확한 답을 찾기를 바라는 질문이다."3)라고 주장하였다.

나중에 파르니아는 "사람들은 밝은 빛 외에도 실제로 신비롭게 빛나는 무엇인가를, 즉 빛의 존재를 보았다고 말했다. 종교를 믿든 안 믿든 간에 모든 사람들이 그 존재를 사랑, 자비, 그리고 연민을 담고 있는 것으로 묘사했다. 그들의 눈에는 그 존재가 절대적으로 완전해 보였다. 어떤 사람들은 그 빛의 존재를 신이라고 보았다. 어떤 사람들은 예수와 같은 종교적인 인물이라고 생각했다. 또 다른 사람들은 특정 종교와는 상관없는 그저 단순한 빛의 존재로만 해석했다. 어떤 사람들에게 이것은 아낌없는 자애로움을 가지고 그들을 지켜봐주고 삶의 고찰과 경험을 통해서 그들을 안내해준, 사랑이 넘치는 교육자의 역할을 한 누군가였다……빛의 존재로부터 나온 사랑은 다른 사람들로부터 나온 사랑보다 훨씬 더 강했다."4) 임사체험 연구가 문화들 간 비교의 형태로 수행되었을 때, '빛나는 존재'의 정체는 문화와 종교적 배경에 따라서 다양하게 나타났지만 그 내용 자체는 매우 유사했다.

아마도 사후 체험에 대한 과학적인 연구를 가장 철저하

게 수행한 것은 독일의 심장병전문의인 핌 반 롬멜(Pim van Lommel)과 동료들일 것이다.5) 그들은 심정지가 온 후에 심폐소생술을 필요로 했던 344명의 환자들을 연구했다. 반 롬멜은 그 후 8년간 그 환자들을 추적조사했다. 62명(18%)의 환자들은 임사체험을 했으며 다른 23명(7%)은 임사체험의 전형적인 특징들 중 상당 부분을 경험했다. 임사체험의 발생은 심장 '죽음', 즉 심정지의 지속시간이나 그 결과로 인한 저산소증의 심각도와는 상관이 없었다.

임사체험을 경험한 사람들 중에서 56%는 긍정적인 감정을 경험했고, 23%는 밝은 빛과의 교감을 느꼈으며, 31%는 터널을 지나가는 것을 경험했고, 13%는 삶을 되돌아보는 경험을 했다. 안타깝게도, 롬멜의 보고는 천국에 대한 전망에 초점을 두지는 않았다. 하지만 나는 만약 그가 그러한 전망에 대한 질문을 했더라면 아마도 틀림없이 전망과 관련된 답변을 들을 수 있었으리라고 짐작한다.

롬멜의 환자들은 8년 후에도 자신의 임사체험을 거의 정확하게 회상할 수 있었다. 이것은 놀라운 일이었다. 8년 전의 어떤 사건을 지금 현재 일기에 적는 것처럼 생생하게 묘사하려고 시도해보라. 심장이 정지했었지만 임사체험을 하지 않았던 282명의 환자들과 비교해 보면, 임사체험을 했던 환자들은 그들의 감정을 더 잘 나눌 줄 알게 되었다고 생각했다. 그들은 더 사랑하게 되었고 더 공감적으로 되었으며 삶의 의미를 더 잘 깨닫게 되었고 가족들과의 관계에 더 적극적으로 관여하게 되었다고 생각했다. 주목할 만한 점은 롬멜의 연구에서는 환자들이 주관적으로 보고한 친사회적 관심이 실제로 증가했는지를 확인하기 위해서 외부 관찰자들을 활용했다는 점이다. 임사체험을 했던 환자들은 자신의 영성이 유의미하게 증가했다고 주장한 반면, 통제집단에서는 8년 후에 자신들의 영성이 감소했다고 생각했다. 더구나, 이처럼 환골탈태 식의 영적인 경험에 의해서 일어난 변화는 2년 후 추적조사 때보다 8년 후에 더 현저하게 나타났다!

오늘날, 대다수의 과학자들은 임사체험이 실제로 일어난다는 점을 받아들이고 있다. 다만, 쟁점으로 남아있는 것은 임사체험이 실제로 무엇을 의미하는지와 그 의의다. 파르니아 박사는 "생각해보면, 틀림없이 우리가 단순히 오감으로는 감지할 수 없는 현실의 다른 차원이 존재한다는 점을 깨달을 수 있을 것이다…… 아마도 우리의 뇌가 탐지하고 해석하는 능력을 넘어서는 외적인 현실이 존재한다고 해도 우리는 결코 이해할 수 없을 것이다."[6]라고 추론한다.

3백 년 전에 안토니 판 레이우엔훅(Antonie van Leeuwen-hoek)은 개선된 복합현미경을 이용해서 그때까지 아주 깨끗

하게 보였던 연못물에 미생물들이 득실거리고 있다는 것을 처음으로 발견했다. 그때까지 우리가 가지고 있었던 연못물에 아무 것도 들어있지 않다는 생각은 '일시적인 실재'[29]였다. 하지만 현미경의 발달 이후에 연못물은 더 이상 예전과 똑같은 물이 아니었다. 대다수가 인정할 수 있는 것처럼, 심지어 오늘날도 현미경이 없는 사람들은 우리가 지동설을 받아들였던 것과 동일한 방식으로 세균과 미생물의 '영원한 실재'를 믿어야 한다.

성심전교수도회(Sacred Heart Missionary Order)의 멤버이자 양자물리학을 전공한 덜무드 오무크(Diarmuid O'Murchu) 신부는 『양자 신학(Quantum Theology)』이라는 계몽적인 책에서 사후세계에 대한 참신한 견해를 피력했다.

"부활과 환생의 신학적 개념과 함께, 시작과 끝의 개념은 지배적인 신화 속에 포함되는데 이것은 우리 인간이 무한한 우주 속 우리의 무한한 운명을 이해하는 데 도움이 된다."[7]

양자역학의 불확정성을 거론하면서, 오무크는 "지상의 삶 속에서 우리는 우주의 한 부분에 구속되어 있으며 이로 인해 우주를 경험하는 방식도 제한된다. 죽음을 통해 비로소 우리는 이러한 구속으로부터 해방되어 우주적 삶 전체

---

29 일시적으로만 실제 현실로 받아들여지는 것을 말함.

와 관계를 맺을 수 있는 가능성이 열리게 된다."[8]라고 적고
있다. 더구나 그는 "우리의 진정한 정체성은 적자생존을 위
해서 투쟁하는 독립적이고 고립된 피조물이 아니다. 우리의
진정한 운명은 협조적인 동맹에 소속되어 그 속에서 상호
의존적으로 성장하고 번영하는 것이다."[9] "우리는 우리가
보고 들으며 느끼고 만지는 것들의 더 깊고 풍부한 의미를
이해하지도 못하고 감상하지도 못한다…… 양자 비전의 핵
심은 모든 생명력이 상호의존적이며 상호연결되어 있다는
확신이다."[10] 간단히 말해서, 양자역학은 판 레이우엔훅의
연못물에서 밝혀졌던 미스터리를 재확인시켜준다. 믿음은
단순한 신념이 아니다. "믿음은 바라는 것들의 실상이요, 보
지 못하는 것들의 증거다."

　1963년에 노벨 생리학 및 의학상을 받은 신경생리학자
인 존 에클레스 경(Sir John Eccles)은 칼 포퍼(Karl Popper)와
공동으로 집필했던 저서 『자기와 뇌(The Self and Its Brain)』
에서 "의식적 경험의 통합은 마음에 의한 것이지 뇌의 신경
기제에 의한 것이 아니라고 주장했다…… 그는 뇌가 모든
것을 하며 의식적 경험이 단순히 뇌의 활동을 반영한다고 생
각하는 것은 잘못이라고 여겼다."[11]

　나중에 에클레스 경은 덧붙였다. "나는 인간의 미스터
리가 과학적 환원주의에 의해서 믿을 수 없을 정도로 비하

되었다고 본다. 과학적 환원주의는 뉴런 활동의 패턴이라는 관점에서 영적인 세계의 모든 것을 설명하려는 유물론으로 귀착된다. 이러한 신념은 미신으로 간주되어야 한다…… 우리는 우리가 육체와 뇌를 지니고 있고 물질적인 세계 속에서 존재하는 물질적인 존재일 뿐만 아니라, 영혼을 지닌 영적인 존재로서 영적인 세계 속에서 존재하고 있다는 것을 인식해야만 한다."12)

파르니아는 계속 이어나간다. "지금까지의 증거는 심정지 때 의식 현상이 발생하는 것은 현재 우리의 신경과학 모델로는 쉽게 설명할 수 없는 과학적 역설이라는 것을 보여주는 것 같다."13)

아마 윌리엄 제임스가 마지막을 장식하면 좋을 것 같다. "달리 말하자면, 그런 멋지고 긍정적이고 종종 완전히 변화하는 그런 경험들이 단지 신경계에만 뿌리를 두고 있는지 혹은 어떤 비생리학적인 영역으로부터도 비롯되었는지 여부를 알 도리는 없다.

그럼에도 불구하고, 지적인 명료성을 위해 우리가 연구해온 바에 따르면, 종교적 경험이 인피니티스트(infinitist)30의 신념을 분명하게 지지한다고 인정할 수 없다고 말해야

---

30 무한주의(infinitism)를 주장하는 사람. 무한주의는 철학의 한 분야인 인식론에 속하는 입장으로서, 철학은 끝없는 사고의 여정이며 최종 목적지에 도달할 수 없는 무한한 사고활동이라고 봄.

만 할 것 같다. 우리가 분명하게 증명할 수 있는 유일한 것은 우리는 우리보다 큰 무언가와 '하나 됨'을 경험할 수 있으며, 그러한 하나 됨 속에서 최상의 평온함을 발견할 수 있다는 것이다."14)

내 생각에는 제임스가 너무 조심스러운 것 같다. 이 장(章)의 목적은 천국이라는 실재가 우리의 마음속에 똑바로 자리잡아야 한다는 나의 견해를 뒷받침하는 것이다.

존 크로스(John Cross)는 그랜트 스터디 참여자들 중에서 인생을 바꾸는 임사체험을 했던 가장 좋은 예일 것이다. 자신의 임사경험을 베스트셀러로 탈바꿈시킨 대필작가를 두었던 에븐 알렉산더 박사와는 달리, 크로스는 사실을 중시하던 저널리즘 교수였다. 임사체험에 대한 그의 서술은 몇천 부밖에 팔리지 않았다. 하지만 그는 자신의 종교생활과 사후세계에 대한 믿음 둘 다에 중요한 영향을 준, 삶을 변화시키는 몇 가지 체험을 했던 한 남자로 참고할 수 있는 좋은 예이다.

20세기의 대부분 동안 크로스 교수는 자신의 시대보다 훨씬 앞서 있었다. 대학 시절 그는 우수한 학업 성취에 대한 보상으로 책을 하나 받게 되었다. 그는 공기오염과 환경보호에 대한 책을 받고 싶다고 말해서 하버드 대학교 포상위원회에게 충격을 안겨주었다. 그들은 그가 일어나지 않을 일에 대해 미리 앞서 지나치게 걱정한다고 생각했다. 하지만 1941년의 현실 속에서도 그는 미래의 우리 행위가 지구에 미치게 될 더 큰 영향을 '전망'하고 있었다. 더구나 그는 명상이 대중적으로 자리 잡기 이전에 명상에 깊이 빠져들었다. 또 노화에 대한 그의 혁신적인 견해는 많은 사람들이 노년을 더 안전한 시기로 생각하는 데 일조했다.

크로스 교수는 본 연구의 어떤 참여자들보다도 더 심각하게 생명을 위협하는 질병, 더 많은 영적인 사건들, 그리고 비슷한 수준의 우울증을 겪었다. 그는 장로교 교인으로 양육되었다. 아주 이르게 3세부터 기도는 그의 삶의 일부가 되었다. 그러나 비극적인 사건을 겪었던 8세부터 교회와 관계된 모든 활동, 그 중에서도 특히 기도가 갑자기 중단되었다.

그러한 외상(trauma)의 의미가 완전히 밝혀진 것은 무려 70년이나 지나서였다. 왜 그 사건이 그의 기도생활, 종교적 몰두 그리고 영성을 받아들이기 위한 평생의 노력에 그렇게 강한 영향을 미쳤는지 말이다. 70대에, 이제는 노인이 된 크로스 교수는 자신의 삶을 돌이켜보면서 처음으로 그의 영적인 삶과 남동생의 죽음 간 관계를 설명하는 글을 출간했다. 그 사건이 있던 날을 되짚으면서, 그는 처음으로, 아마도 자신에게조차 처음으로, 가족이 가장 아꼈던 남동생을 죽게 해달라고 실제로 기도했었다는 사실을 인정했다. 그

때, "한 시간도 채 되지 않아서 남동생이 우리 집 위쪽에 있
는 언덕 꼭대기에 있는 길에서 차에 치였다. 동생을 잘 지켜
보지 못했던 보호자였던 나는 길가에 서 있었다. 그저 무기
력하게 바라보면서." 그 다음 며칠간 크로스는 동생을 살려
달라고 기도했다. 하지만 동생의 죽음을 바랐던 기도는 거
의 즉각적으로 응답을 받은 것처럼 보였던 것과 달리, 동생
을 되돌려 달라는 기도는 결코 응답받지 못했다. 결국 동생
의 장례식에서 크로스는 앞으로는 절대로 기도하지 않겠다
고 맹세했다.

　하지만 그가 종교와 기도를 포기한 것은 그다지 오래
지속되지 않았다. 12년 후에 크로스는 또 다른 급작스러운
변화를 보였다. 미해군에 복무하면서 그의 불가지론이 사라
져버린 것이다. 그의 영성은 깊어졌으며 바다 위에서 보낸
수많은 시간동안 비교종교학을 공부했다. 외부적으로는 제
2차 세계대전이 사회적 발전이라는 측면에서 세상을 더 좋
은 곳으로 만들고 싶은 그의 바람을 자극했다. 개인적으로
는, 그는 종교적 규율을 자신을 향상시키는 자원으로 보았
다. 그는 매일 6시간씩 기도했으며 26세에 해군을 제대하면
서 캘리포니아 남부의 '아쉬람(ashram)'[31]에 들어갔다. 그곳
은 올더스 헉슬리(Aldous Huxley)와 웰스(H. G. Wells)의 제자

---

[31] 은둔자를 위한 수련원.

였던 제랄드 허드(Gerald Heard)가 운영하는 트라부코 수련
원이었다. 존 크로스는 아직 히피가 등장하기 이전인 1940
년대에 자신의 시대보다 훨씬 앞서서 그러한 생각들을 해
보았던 유일한 그랜트 스터디 참여자였다.

허드의 트라부코 수련원은 알콜올중독자 치료모임
(Alcoholics Anonymous)의 설립자인 클래어 부스 루스(Clare
Booth Luce)와 빌 윌슨(Bill Wilson)을 포함해서 많은 유명인
들에게 영향을 끼쳤다. 그 집단은 베단타(Vedanta) 명상의
영향을 매우 크게 받았다. 수개월간에 걸친 명상과 숙고 끝
에 존 크로스는 자기 안의 깊은 절망과 어둠의 지점까지 도
달하게 되었다. 그것은 50년이 지나서야 다룰 만한 마음의
준비가 갖추어질 수 있었던 죄책감에서 비롯된 것이었다.

34세 때 크로스 교수는 그랜트 스터디 면접자에게 트라
부코 수련원에서 보낸 시간을 설명하면서 "그곳에서 한 경
험에 의미와 품격을 부여하기 위해 애쓰는" 것 같은 인상을
주었다. 크로스가 얘기하면 할수록 면접자는 그가 왜 그곳
에 갔는지 혹은 "일종의 초월적인 체험학습형 종교 공동체
에 소속되는 것이 어떤 의미가 있는 것인지"를 도무지 이해
할 수 없었다. 면접자는 존 크로스가 올더스 헉슬리처럼 시
대를 앞서 나갔다는 것을 알아차리지 못했다. 마찬가지로,
존 크로스 자신도 그 때까지는 아직 남동생의 죽음을 바라

면서 기도했던 자신의 과거 모습을 의식적으로는 떠올릴 수 없었기 때문에 자신의 우울에 대해 이해하지 못했다.

1940년대에 그랜트 스터디는 사회적 관계의 연구에 관심을 두는 대신에 여전히 1930년대의 자연인류학을 연구하는 데 몰두하고 있었다. 결국 1950년대가 되어서야 사회적 관계의 연구가 인류학에서의 패러다임 전환을 가져왔고 현재까지 계속해서 사회과학에 중요한 영향을 미치고 있다. 그런데도 1940년대에 그랜트 스터디는 여전히 '마지막 전쟁을 치르느라' 애쓰고 있었다. 그들은 존 크로스와 그의 전망이 무엇을 성취하려고 하는지를 상상도 하지 못했다.

32세에 존 크로스는 명망 있는 가문 출신의 천재적인 여성과 결혼했다. 35세에 그는 스트레스를 다루기 위해서 묵상(默想) 명상을 하는 집단에 들어갔다. 그 당시 그는 자신이 종교에 더 많이 몰두하는 것이 아내의 탁월한 경력에 대해 시기하는 마음을 다루기 위한 것이라고 미루어 짐작했다. 연구진이 보기에 그의 설명은 이번에도 근거가 없는 것처럼 보였다. 계속해서 크로스는 기도와 영성을 추구하는 자신의 반복적인 시도를 제대로 설명하지 못했고 이해하지도 못하는 것으로 보였다.

44세에 크로스는 잡지 편집장과 저널리즘 교수로 일했다. 그는 교회에 거의 출석하지 않는다고 보고하면서도 "이

번 여름에는 딸아이와 규칙적으로 교회에 나갈 생각이다." 라고 말했다. 그의 딸은 성공회 교회에서 견진예식[32]을 받을 예정이었다. 딸과 규칙적으로 예배를 보러가겠다고 마음 먹은 직후에 크로스는 다음 인용구가 그의 근본적인 믿음을 특징적으로 보여준다고 적었다. "나는 우리에게 일어나는 모든 일들이 의미가 있다고 강하게 믿는다. 그리고 그러한 의미는 얼마나 불쾌한 것이든 간에 상관없이 우리가 인생을 더 잘 이해하고 다른 사람들과 결속하게 하는 목적을 가지고 있다…… 내가 그것을 어떤 특정한 종교적 전통과 연관 짓지 않더라도 그것은 기본적으로 종교적이다."

50세에 크로스는 '적어도 매주' 성공회 교회에 출석하고 있었다. 5년 후에 그는 50세 후에 직면하고 있는 이슈들이 20대 초반에 직면했던 것들과 똑같다고 적었다. "삶과 죽음, 고통의 의미. 어떻게 내가 더 많이 이해할 수 있을까? 어떻게 하면 내가 봉사하고 기여할 수 있을까? 삶이 의미를 가지고 있다는 것. 죽을 때까지 내가 더 이해할 수 있게 된다는 것. 가장 종교적인 가르침은 산상설교처럼 글자그대로 받아들이도록 되어 있다는 것."

55세에 그 자신의 죽음에 대한 느낌이 어떠한지를 질문

---

32 세례를 받은 기독교인에게 신앙을 성숙시키고 나아가 자기 신앙을 증언하게 하는 성사.

받았을 때, 크로스는 의식의 연속성에 대한 믿음을 가지고 있다고 적었다. 이것은 곧 그 자신의 임사체험을 통해서 구체화되었다.

63세에 크로스는 일기를 쓰기 시작했다. 같은 해에 그는 암 진단을 받았다. 그리고 그 직후에 심장마비를 겪으면서 임사체험을 하게 되었다. 그는 그 체험을 다음과 같이 기술했다.

"나는 1984년 3월 4일 오후에 북부 맨해턴에 위치한 성 루크 병원의 심장치료실에서 64세 생일을 두 달 앞두고 죽었다…… 초록색 언덕 — 미끄럽지도 않고 물개 가죽처럼 털이 많지도 않은…… 놀라지 않았다 — 불쾌한 것도 없었다 — 아주 밝은, 새 것 같은 녹색 풀…… 나 혼자였다. 나는 그저 그렇게 해야 할 것 같은 행동들을 하고 있었다. 마음을 비우고. 이완하고…… 많은 빛 하지만 눈이 부시지는 않은…… 그 때 기분 좋은 여행이 갑자기 끝났다…… 웅성거리는 낮은 목소리들이 돌아왔다…… 나는 되돌아왔다……"

"끝에 빛이 있는 터널은 없었지만, 거기에는 매력적인 경사지가 있었다. 사방이 빛으로 둘러싸인 속에서 호의적인 미지의 어떤 것 속으로 자유롭게 미끄러지기. 삶에 대한 리뷰, 63년을 고속 되감기로 즉석에서 재생하는 그런 것은 없었지만, 나는 이미 지난 7개월간 암환자로서 사적이고 때로는 몹시 괴로울 정도로 세세하게 과거를 소환하는 시간이 아주 많았었다."

"내가 육체를 벗어났었다는 것, 그것은 틀림없다…… 내가 나중에 되돌아봤을 때 내가 짧은 순간 동안 실제로 죽었었다는 것을 확신할 수 있었던 것은 그 체험에 수반된 빛과 평화로움 때문이었다. 아니면 완전히 죽지 않았었다면, 더 이상 관습적으로 말하는 살아있는 상태가 아니었다면, 나는 다른 곳에 다른 종류의 시간 안에 있었던 것이다."

"내가 완전히 돌아온 것도 아니었다. 나는 혼잣말을 했다. 내가 죽음에 대해 생각해 볼 수 있을 정도로 강할 때, 죽음은 나를 다른 해안, 돌아오지 못하는 곳으로부터 그리 멀지 않지만 노년이 시작되는 암초에다 데려다 놓았다. 그리고 죽음의 체험은 노년을 위협이나 상실이 아니라 집행유예나 도전으로 보도록 만들었다…… 이 순간, 어떤 알 수 없는 이유 때문에, 나는 오랫동안 가지고 있었던 불안으로부터 자유롭다."

[주의: 존 크로스의 프라이버시를 보호하기 위해서 그의 출판된 저술에 대한 소개는 하지 않았으며 사적인 일기의 일부인 것처럼 인용하였다.]

65세 때 그는 은퇴했는데 "아마도 아이였을 때 상당히 많은 죽음을 접했었기 때문에" 사후세계를 믿는 데 아무 문제도 없었노라고 재차 강조했다. "나는 심장마비 때문에 직접 임사체험을 한 적이 있었다. 그 때 의사는 내가 죽었다고 했었고 나를 되살려 놓았다. 그 일은 결코 두려운 일이 아니었다. 내게 강한 확신을 심어주는 경험이었다. 내가 다시 되돌아오기 위해서 특별히 투쟁한 것은 아니었다. 그러나 거기에서 잠깐 동안 나는 어느 쪽으로든 갈 수 있었다. 이제 나는 내게 남은 할 일이 무엇인지를 찾아야 한다. 3년 전에 성 루크 병원에서 있었던 일 덕분에, 지금은 내가 죽음의 공포로부터 자유롭다고 믿는다."

평생 크로스는 희망을 고수했다. 정확하게 이해하지는 못할지라도 각 사건에는 이유가 있다고 철석같이 믿었다. 68세에 크로스는 또 다른 악성 종양인 전립선암 진단을 받았다. 하지만 크로스는 우연, 운명, 그리고 행운을 믿지 않았다. 그에 따르면, 그는 "삶의 연속적인 사건들에는 의미와 의도가 있으며 우리는 단지 그것에 의지해야 한다. 반응하고 기다려야 한다."고 믿었다. 5년 전에 경험했던 임사체험을 언급하면서 그는 "그 체험이 약간 흐릿해지기는 했지만 많이는 아니다."라고 적었다. 그는 사후세계에 대한 믿음을 고수했다. 사실, 남은 생 동안 크로스는 변화된 삶을 살았다.

68세에 추가적인 의학적인 문제들을 겪은 후에 크로스

는 거의 치명적이었던 심장발작이 아니라 암에 초점을 맞추어 의학적 문제들에 대한 장황한 이야기를 담은 첫 번째 일기를 출간했다. 어느 섬세한 감성을 지닌 유명한 소설가는 크로스의 책 커버에 실린 짤막한 소개글에서 "흠 없는 문학적인 보석. 내게는 타지마할 자체만큼이나 영적으로 흥분되고 편안함을 준다."고 적었다. 달리 말하자면, 그는 자신의 질환들을 정복하기 위해서 연대순으로 상세히 기록했지만 건강염려증이란 '죄악'의 포로가 되지는 않았다. 대신에 그는 자신의 질환들을 승화의 '미덕'을 구현한 예술로 변모시켰다.[15)]

크로스 교수는 세련되고 불가지론적인 뉴욕시 처가 식구들 및 친구들과 함께 새롭게 진단받은 의학적 상태에 대해서 논의했다. 그는 생명을 위협하는 질환에 직면했을 때 하나님이나 사후세계를 믿지 않는 것으로 알고 있는 사람들과 의논했다. 그들의 불신을 마주하면서 그는 일기에 적었다. "나는 아직도 하나님이 참새도 보살피신다는 것과 피조물의 가장 사소한 것조차도 그 앞에 나타나지 않는 것이 없다는 점을 믿는다.[33] 물론 그것은 내게 안심이 되는 것만큼이나 무서운 확신이었다. 그러나 결국에는 안심되는 쪽이 이길 것이라고 느낀다."

---

33 마태복음 10장 31절과 히브리서 4장 13절의 내용임.

울혈성 심부전 때문에 입원해 있는 동안, 크로스는 1942년부터 1948년 사이에 읽었던 모든 영적인 책들을 다시 읽었다. "그 책들이 여전히 적절하다는 점은 놀랄만하다." 그랜트 스터디의 다지선다형 질문지에 답하면서 크로스는 종교가 여전히 '매우 만족스럽다'고 응답했다. 그는 '하루에 한 번 이상' 개인적으로 영적인 활동을 했으며, 더 높은 힘(즉, 하나님)의 존재를 경험했다는 것은 '분명한 사실'이었다.

72세에 크로스 교수는 국립대성당의 신탁 관리자이면서 영적인 주제를 다루는 저널의 편집자가 되었다. 두 번째 심장발작과 뇌일혈로부터 회복한 후 77세부터 79세까지 크로스는 그가 여러 질환들을 겪는 동안 써왔던 일기를 바탕으로 두 번째 책을 출간했다. 이번에도 그의 결과적인 자기 성찰은 건강하지 못한 자기 침몰을 반영하는 것이 아니었다. 그보다는 나이 들어가는 것에 대한 본질적인 찬가였다. 그의 저술은 훨씬 더 어린 그랜트 스터디 관찰자인 나 자신을 포함해서 많은 사람들이 노년을 덜 겁나는 것으로 받아들일 수 있게 해주었다.[16]

크로스는 다음과 같이 명확하게 적었다. "내가 보기에 노년은 평원, 고지대의 평원이다. 당신이 거기로 나오면 수평선밖에 없는 것처럼 보인다. 적어도 처음에는 구분할 수 있는 것이 없어 보인다. 따라갈 길도 없다. 한계와 안내지침 그리고 표식들에 익숙해지면 당신은 놀라고 어안이 벙벙한 채로 서있다. 당신은 20세 이후로 그런 공간 감각을 느껴본 적이 없다. 그것의 찬란함과 두려움. 거기 당신 앞에 있는 모든 것들이 탐구되어야 하는 것들이다." 그는 또 에릭 에릭슨(Erik Erikson)을 인용했다. "만약 부모가 죽음을 두려워하지 않을 만큼 자신의 삶을 충분히 지혜롭게 바라볼 줄 알게 된다면, 건강한 아이들은 삶을 두려워하지 않게 될 것이다."…… 크로스가 임사체험에 의해 삶이 변화된 사람이라는 점은 명백해 보인다. 그는 노년과 죽음에 대한 공포가 없는 이유는 바로 임사체험 때문이라고 주장했다.

최근의 노화연구 및 존 크로스와 같은 사람들의 기여 덕분에 오늘날은 노년에 대한 이러한 견해가 비교적 흔해졌다. 하지만 20세기 대부분 동안 크로스는 시대를 앞서 갔다. 과거 시대에 노년은 재난으로 보였었는데, 어떤 이들에게는 오늘날에도 여전히 그렇다. 57세의 관리의료 전문가인 에즈키엘 엠마누엘(Ezekiel Emanuel)은 널리 알려진 아틀랜틱지(Atlantic)의 한 기사에서 "나는 75세에 죽기를 바란다."라고 적었다.17) 그는 크로스 교수를 알지 못했거나 혜택을 받지 못했던 것 같다. 게다가 57세의 나이에 나이 들어가는 것에 대해서 무엇을 알 수 있었겠는가? 노화의 관점에서 보면, 전망할 줄 아는 크로스 교수는 늘 그랬듯이 미래에 의해서 이끌려진 반면에 엠마누엘 박사는 과거에 갇혀있는 것처럼 보였다.

8세 때 결코 다시는 기도하지 않겠다고 맹세했던 크로스 교수는 생의 마지막 순간으로 가까이 다가가면서, "나이가 들수록, 더 이상 기도가 선택의 문제가 아님을 알게 된다. 기도는 그것을 피하려고 결연한 노력을 하는 사람들에게조차 필수불가결한 것이다…… 하나의 작은 엉성한 기교, 우리의 기도는 우리가 험난한 파도를 헤쳐 나가게 해주는 모든 것이다."라고 적었다.

8장

왜 어떤 이들은 나이가 들수록 더 종교적으로
되는가?

그런즉 믿음, 소망,34 사랑, 이 세 가지는 항상 있을 것인데, 그
중의 제일은 사랑이라.

고린도전서 13장 13절1)

서론에서 언급한 것처럼, 그랜트 스터디에서는 참여자
들이 40대 중년의 나이에 25번째 동창회에 참석했을 때부
터 종교생활의 강도를 기록하기 시작했다(부록 I). 그 당시에
내가 세웠던 가설은 모든 참여자가 나이 들수록 종교생활
이 더 증가할 것이라는 것이었다. 하지만 그것은 사실이 아
니었다(부록 III). 수십 년 동안 참여자들 중 대부분이 종교생

---

34 여기서도 'hope'를 성경번역본 대로 소망으로 표기함.

활의 강도에서는 변함이 없었다. 하지만 일부는 나이 들수록 종교생활이 감소했고, 이 장에서 논하게 될 또 다른 일부는 종교생활과 사후세계에 대한 믿음이 증가했다. 그들은 하나님과 사랑에 빠졌다.

물론 그들 중 일부는 갑자기 하나님과 천국을 그들 삶의 가장 중심으로 가져오게 된 환골탈태의 경험을 했다. 그처럼 극적으로 변하는 경험의 가장 잘 알려진 예로는 다메섹으로 가는 길에서 사도 바울에게 일어났던 일을 들 수 있다. 사도 바울은 하나님과 사랑에 빠졌고 기독교 신자들을 박해하는 대신에 기독교 교회 지도자들 중의 하나가 되었다. 그의 경험에서 비롯된 '믿음, 소망, 사랑'은 그의 저술에 스며들었고 2천년이 지난 지금에도 사람들을 감화시킬 뿐만 아니라 이 책에서 다루는 천국 개념의 기본틀을 제공해 주었다.

저널리스트인 앤드류 스미스(Andrew Smith)는 그의 저서 『월진(月塵; Moon dust)』에서 실제로 달로 가는 우주비행 중에 일어났던 변화의 경험을 다음과 같이 묘사한다.[2] 그 시기에 오직 12명의 남자들이 달 표면에 발을 내딛는 아주 특별한 경험을 누렸다. 이 남자들은 모두 침착하고 상상력보다는 실용적 사고에 능한 공학자이자 '진짜 자질을 갖춘' 시험 비행사로서 성인기의 삶을 시작했다. 그들 모두 냉전

시대에 군(軍)의 전투원으로 훈련받았었다. 달에 발을 내딛
는 것은 변화를 일으키는 경험이었다. 달에 도착한 우주비
행사들에게 지구는 아름답지만 우주 속에 아주 외롭게 떠
있는, 깨지기 쉬워 보이는 파랗고 하얀 구(球)로 보였다. 그
런 광경은 지구 주위 궤도를 돌기만 하고 깊은 우주 속으로
여행하지 않은 비행사들에게는 분명하게 보이지 않는 것이
었다. 12명의 '월면 보행자' 중 6명이 월면 보행에 의해 영원
히 변화되는 경험을 했던 것으로 보인다. 그들은 지구 전체
에 대한 염려(나는 감히 사랑이라고 말하고자 한다)에 몰두하게
되었다. 태양계의 탄생 직후에 형성되어 45억년이 된 암석
인 '창세기의 돌'을 본 이후에, 월면 보행자인 제임스 어윈
(James Irwin)은 하나님의 음성을 들었다. 지구로 돌아온 후
에 어윈 대령은 NASA를 그만 두고 종교단체인 '고공비행선
교회(High Flight Ministry)'를 설립했다. 그의 아내 역시 경외
감으로 충만했던 월면 보행이 자신의 남편을 영원히 변화
시켰다는 점을 인정했다.

또 다른 우주비행사 앨런 빈(Alan Bean)은 달에 다녀온
후에 '깨달음'을 체험하고서 우주 전문 미술가가 되기 위해
결국 NASA를 그만 두었다. 그는 "나는 정말로 지구 전체가
에덴의 정원이라고 생각한다."[3]라고 설명했다.

삶을 바꾼 경외감의 가장 극적인 예는 캡틴이었던 에드

가 미첼(Edgar Mitchell)일 것이다. MIT에서 박사학위를 취득한 그는 아폴로 14호 달착륙선의 비행사였다. 그는 "지구의 복합적인 아름다움은 감각을 압도하는 것이었다."4)라고 회상했다. 그는 "[달착륙선] 창문을 내다볼 때마다 이 희열감을 경험했다"고 보고했다. "이런 마음의 상태는 자연스럽게 생겨날 수 있다. 그렇게 하는 데 굳이 환각제가 필요한 것은 아니다."5) 지구로 귀환했을 때, 미첼은 과학과 종교의 통합을 바라는 '뉴 에이지' 기관인 정신과학연구소(The Institute of Noetic Sciences)를 설립하기 위해 NASA를 떠났다. 그 연구소는 2017년도에도 여전히 콘퍼런스들을 후원하고 있다.

때때로 경외의 감정을 발견하는 일과 신성한 사랑을 발견하는 일은 동시에 일어나기도 한다. 실험 심리학자인 윌리엄 밀러(William Miller)와 자넷 드 바카(Janet C'de Baca)는 뉴멕시코에서의 그러한 경험들을 '양자 변화(quantum change)'라고 지칭했다.6) 그는 '비교적 단기간에 변한 사람, 핵심적인 가치나 느낌, 태도, 행동에서 깊은 변화가 있었던' 지원자를 구하는 광고를 앨버커키(Albuquerque) 신문에 내서 그러한 '일상의 영적 경험들'을 수집했다. 그 광고에 응답한 사람은 총 55명이었다. 그들의 영적인 경험은 간질, 정신병리, 화학약품, 혹은 알려진 직접적인 종교적 영향과는 무관하게 일어났다. 밀러는 그러한 '양자 변화'를 생생하고 놀라

우며 호혜적이고 지속적인 개인적 변화라고 정의했다. 대개
는 심오한 경외감, 밝은 빛의 느낌, 그리고 사랑의 감정 모
두가 존재했다. 그러한 경험들은 흔히 '비밀'이 되었고 오랜
시간이 지난 후에야 다른 사람들도 알게 되었다. 이러한 55
개의 경험들을 요약하면서 밀러와 드 바카는 정보제공자의
과반수 이상이 "나는 나를 둘러싼 모든 것들과 하나가 된
듯, 연결되어 있는 것처럼 느꼈다; 나는 나 자신보다 훨씬
더 큰 힘의 품안에 있는 것처럼 느꼈다; 나는 사랑받고 보살
핌을 받는 것처럼 느꼈다."라는 문항에 대해 '그렇다'라고
응답했다고 보고했다. 그런 느낌들은 임사체험의 핵심에 해
당되는 것들이기도 하다.

　　러브 판사의 사례에서 보았듯이 일부 불가지론자들은
시간이 흐르면서 점점 더 영적으로 변해간다. 하지만 놀랍
게도 오직 소수만이 성숙해지면서 종교활동에 더 깊이 참
여하고 사후세계에 대한 믿음이 더 커진다(부록 III).

　　이 새로운 믿음을 획득하게 된 이유는 다양했다. 한 사
례에서는 외상 경험이 사랑의 힘과 예수에 대해 새로운 믿
음을 가져왔다. 또 다른 사례에서는 배우자의 강한 믿음과
사랑이 주효했다. 그리고 마지막 사례에서는 사랑(그리고 신)
을 점진적으로 더 받아들이는 능력을 발달시킴으로써 가능
했다. 그 과정은 세 가지 사례 모두에서 '은총'이라고 봐야

할 것이다.

폴 호프(Paul Hope)의 부모는 자신들을 성공회 신자(어머니)와 침례교 신자(아버지)라고 여겼지만, 그가 자라나는 동안 그의 가족은 교리를 지키지 않았으며 사실상 최소한의 종교활동도 없었다. 호프는 본 연구의 면담 조사지에 성공회 신자라고 표시했다. 하지만 그는 그 교회의 성도가 아니었고 예배에도 참석하지 않았다. 호프의 아동기는 대부분 좋은 편이었다. 하지만 그의 아동기에 종교는 별다른 역할을 하지 않았다.

1940년에 진행된 연구진과의 정신건강 면접에서, 호프는 분명히 그가 초기 청소년기 동안 불가지론자였다고 주장했다. 그리고 종교와 관련된 질문들에 대해서 딱히 깊게 생각해본 적은 전혀 없었다고 단언했다. 그는 하나님, 사후세계, 기도, 죄를 지으면 벌을 받는다는 것을 믿지 않았다. 그의 삶에서 가장 영적인 측면은 자연과의 관계였다. 그는 말로 표현할 수는 없지만 자연이 불러일으키는 강렬한 감정적 경험을 한다고 서술했다. 대체로 이러한 경험들은 아름다운 석양을 바라본다거나 숲속에서 홀로 있을 때처럼 야외에 있을 때 주로 일어났다. 자연에 대한 친밀함은 그가 가장 좋아하는 여가 활동인 조류 관찰에서 잘 드러났다. 가업과 관련해서 재무 분야에 종사할 수밖에 없었지만, 하버

드 재학 시절 그의 주요 관심사는 지질학이었다. 안타깝게
도 조류학이 전공은 아니었다.

호프의 삶과 전망은 제2차 세계대전에서의 전투경험
중 급격한 변화를 겪었다. 1941년 여름에 호프는 해병대 프
로그램에 참여했고, 그해 졸업하면서 입대했다. 갑판사관으
로서 그는 과달카날(Guadalcanal)[35]에서 벌어진 잔혹한 전투
에 4개월 동안 참전했다. 그 이후에도 계속해서 그는 남태
평양 지역에서 대대적인 전투에 참여했고 전우들이 끔찍하
고 치명적인 부상을 입는 것을 목격하였다. 그는 특히 폭격
을 받는 와중에 심하게 부상을 입은 사람들을 도우러 나가
지 못했던 사건으로 인해 깊은 충격을 받고 죄책감을 느꼈
다. 그는 전쟁과 관련해서 충분히 준비태세를 갖추지 못한
채로 참전했다고 고백했다. 그는 자신이 참전했던 전쟁을
한마디로 "조직적인 살인"이라고 표현했다.

그 당시에도 여전히 그는 실제로 하나님에 대한 믿음이
없다고 응답했으며 교회가 그를 위해서 해줄 수 있는 것이
거의 없다고 생각했다. 대체로 그는 "전반적인 문명화에 더
해서 과학, 의학, 그리고 교육이 종교를 대체하고 있다"고
느꼈다. 그가 1944년 질문지에 응답했던 내용을 보면, 그가
결혼을 했고 여전히 교회에 '거의 나가지 않는다'는 것을 알

---

35 태평양 솔로몬 제도의 섬.

수 있다. 그럼에도, 호프는 집에 보낸 편지에 난데없이, "한 평생은 길다. 그리고 문제들과 보상들은 계속된다. 예수는 창조주가 그에게 보상을 약속하기 이전에 삶의 과제를 거의 완수했다."라고 적었다.

25세에 호프는 해군을 제대했고 조부가 시작했던 유망한 가족 투자 회사에서 일하기 시작했다. 그는 전쟁 후에 자신이 알아차린 가장 큰 변화가 레크리에이션이나 여가활동(조류 관찰 같은)을 즐기고 싶다는 생각이 더 이상 들지 않게 된 것이라고 보고했다. 대신, 그는 가끔 예배에 참석하면서 더 큰 즐거움을 느끼고 있었다. 그리고 심지어는 언젠가 성공회 교회에서 견진예식을 받게 되기를 희망한다고 밝혔다. 그리고 일 년 후 그의 소망이 실현되었다.

그의 삶은 계속해서 도전에 직면했지만 그의 하나님에 대한 믿음과 교회활동에 참여하는 것이 그를 지탱해주는 힘이 되었다. 29세 때 호프는 백혈병으로 아내를 잃었고, 같은 해 9월에 아버지를 잃었다. 호프는 얼마 지나지 않아 재혼했고 교회에 규칙적으로 나가는 동시에 헌금위원으로 예배에 적극적으로 참여했으며 교회를 위한 기금 모금에도 열심이었다. 그는 자신의 근본적인 믿음이 하나님에 대한 믿음과 사후세계의 실재성에 대한 믿음으로 이루어져 있다고 설명했다. 또 그는 "우리가 살면서 만나게 되는 모든 살아있는 피조물, 특히 인간을 사랑하고 이해하며 공경한다는 원칙"을 믿었다. 이 시점에서 그는 '하나님에 대한 개인적인 믿음'과 '조직화된 종교적 제도' 둘 다 그에게 '매우 중요하다'고 보았다. 그는 "하나님에 대한 믿음과 연관된 양심"을 가지고 난관을 극복한다고 답했다. 그가 가장 존경하는 사람에 대한 성격 묘사를 해보라고 하자 그는 "모두 성경에 있다: 오, 주님!"이라고 간단하게 적었다. 다른 많은 사람들처럼 호프는 예수와 사랑에 빠졌다.

32세 때 호프는 가장 중요한 것은 성장기(초등학교부터 대학교)에 교회에 다니는 것이라고 믿는다고 언급했다. 30대 동안 그는 한 달에 두세 번 교회에 나갔으며 자녀들을 꼬박꼬박 주일학교에 보냈다. 47세 때 그는 지금이 일생 중 가장 행복한 시기라고 생각했다. 그리고 그는 한 달에 서너 번 교회에 나갔다. 49세 때 그는 다니는 교회의 운영위원으로 선출되었다. 그는 3년 임기가 끝난 후에도 정기적으로 교회에 나갔다.

59세 때 호프는 할아버지 투자 회사의 운영진에서 사임하고 뉴욕증권거래소에 자리 잡았다. 그는 남은 생애동안 내내 정기적으로 교회에 나갔으며 "여기 지상에서의 삶과는 다른" 사후세계에 대한 믿음을 간직하고 있었다. 그는 68세 때 암으로 사망했다. 삶의 외상적 경험들을 통해서 이 불가지론자였던 젊은이는 다가올 삶에 대한 믿음과 희망을 가진 독실한 기독교 신자가 되었다.

윌리엄 포드(William Ford)의 종교적 발달은 유전과 환경 모두로부터 영향을 받았다. 포드는 외동이였다. 그의 아버지는 그가 겨우 21개월밖에 안 되었을 때 사망했다. 어린 시절 그는 매우 여성적인 가정 분위기 속에서 어머니와 누나에 의해 보살핌을 받았다. 대학 시절 그는 늘 사업을 혐오한다고 말했으며 그의 어머니와 숙모가 마련해 두었던 창의적인 길을 따라가고 싶어 했다. 그럼에도 불구하고, 30세가 되었을 때 그는 장로교 신자이며 매우 남성적인 사업가인 삼촌과의 친밀한 관계와 청소년기의 동일시(대학 시절 그랜트 스터디 연구진에게는 밝혀지지 않았던) 덕분에, 자동차 사업에서 이미 성공을 거둔 상태였다. 그의 마음속 힘들이 명백히 드러나는 데는 수십 년이 걸렸다. 하지만 어쨌거나 최종 결과는 포드가 자동차 광고업계와 성공회 교회에서 창의적인 리더가 되었다는 점이다. 한 번도 만난 적은 없었지만 목사였던 조부와 증조부는 그를 매우 자랑스러워했을 것이다.

지금까지 나는 유전을 사후세계에 대한 믿음의 근원으로 고려하지 않았다. 하지만 유전이 중요하지 않은 것은 아니다. 출생 시부터 분리되어 자란 쌍생아 연구는 영적인 깨달음의 강도가 유전적인 근원을 갖고 있음을 보여주었다.

이 때 유전의 영향력은 유전이 내향성과 외향성 같은 성격 특성에 미치는 영향력과 맞먹는 수준이었다.[7] 비록 개인차가 존재할지라도 모든 인간은 영적이다. 대조적으로 종교생활은 더 행동적이며 사회적 환경에 의해서 영향을 받는다. 영성을 자기보고식 검사로 평가할 경우, 똑같은 가정에서 자란 형제자매들보다 떨어져서 자란 일란성 쌍생아들이 훨씬 더 유사한 결과를 나타낸다.[8] 반대로, 교회에 나가는 것과 종교생활을 하는 것은 떨어져 자란 일란성 쌍생아보다 같은 가정에서 자란 의붓형제자매들의 일치율이 더 높았다.

본 연구의 초반기에, 포드는 고향에서 교회에 다녔던 것은 어머니의 영향 때문이었고 대학에 와서는 한 번도 나가지 않았다고 보고했다. 그는 아마도 자신은 하나님을 믿지 않는 것 같다고 말했다. 연구진도 "포드는 종교적 느낌에 대한 필요를 못 느낀다."라고 기록했다. 전시에 해군 현역으로 복무하는 동안에도 용케 그는 어떻게든 계속 고향에서 어머니와 같이 살았다. 제2차 세계대전 후에 그는 어머니 집 근처에 있는 한 여대에서 숙모와 어머니의 관심사였던 연극을 가르쳤다. 그는 거의 교회에 나가지 않았다. 그는 "나는 무언가 종교가 필요하다는 느낌을 무척 많이 받았지만, 내가 접했던 상업화된 일요일 아침 장로교로는 만족할 수 없었다."라고 적었다.

　　포드의 변신은 서서히 일어났다. 부분적으로 그의 변화는 아내의 믿음과 사랑 덕분에 시작된 것이었다. 어머니가 애지중지하던 소년이었던 포드는 28세 때 자기가 가르쳤던 연극 전공의 학생과 결혼했다. 처음에 둘 사이에는 자녀들을 어떻게 키울 것인지에 대한 의견 충돌이 있었다. 포드의 가족은 모두 스코틀랜드 장로교 교인이었다. 그의 아내는 성공회 교인이었다. 포드는 아내의 종교를 따라가기로 마음먹었다. 그는 "나는 아내가 다니고 있는 성공회 교회에 가는 것이 더 중요하다고 생각한다. 또 내 친구들 중 대부분이 이 교회에 다니고 있다."라고 적었다. 그는 이듬해에 그 성공회 교회에서 무엇인가 일을 하기를 희망했는데, 그렇게 하면 교회가 실천하고 있는 일들에 더 많은 관심을 가지는 데 도움이 될 것이라고 느꼈다. 그는 교회에 다니면서 "만족감을 얻었다." 게다가 그 교회는 왕성하게 활동하는 연극 클럽이 있었기 때문에 포드는 연기뿐만 아니라, 완숙해져감에 따라 극본을 쓰고 연출하며 제작도 하는 등의 취미 생활을 즐길 수 있었다.

　　31세에 포드는 중학교 2학년 남학생들이 참여하는 주일학교의 교사를 맡기 시작했으며 교회에 정기적으로 나갔다. 그는 삶에 대해 성숙한 철학을 얻기 위해서는, 어떤 형태로든 종교적 지향성이 필요하다고 생각했다. 그의 변신이 날개를 달게 된 것은 바로 교회학교에서 사역하면서부터였다. 그는 "교회에 나가는 것만으로는 늘 무엇인가 부족했다. 그것만으로는 핵심에 다다를 수가 없었다. 단단히 마음을 먹고 주일학교 교사로 자원을 한 것이 내게는 그저 단순히 교회에 나가는 것만으로는 얻을 수 없었던 새로운 방식으로 공부하고 생각해 보는 계기가 되었다. 주일학교 수업 외에도 모든 교사들이 수요일 밤마다 토론하는 모임을 가졌는데, 그 토론모임에서 나는 커다란 자극을 받았다." 교회와 주일학교에서의 근간은 "신학적인 교리나 성경 이야기를 단순히 암기하는 것이 아니라 삶의 방식으로서의 기독교"를 실천하는 것이다.

포드와 그의 아내는 매주 한 번씩 모이는 종교 스터디 모임의 지도자이기도 했다. 이제 그들은 둘 다 교회활동에 아주 적극적으로 참여하고 있었다. 그는 "믿음을 향한 순례는 쉽지 않으며 다른 이들의 의심과 질문이 내 자신의 여정에 빛을 비춘다…… 중요한 것은 동료애를 공유하고 종교가 삶과 분리되어 일주일에 한 번 일요일에만 열리는 행사가 아니라 우리 삶의 모든 부분에서 제 역할을 한다는 사실을 재확인하는 것이다." 이듬해에 포드는 성공회 교회에서 견진예식을 받았다.

42세 때 종교와 관련된 태도 변화에 대해서 질문을 받앉을 때, 포드는 "갑자기 종교의 영향을 내심 엄청나게 받게 되었고" "삶을 이해하려고" 노력하고 있다고 말했다. 그는 중학교 3학년과 고등학교 1학년 견진예식 반을 가르치기 시작했고 구역장을 맡게 되었다. 그는 3년 임기의 교회 운영위원으로 선출되었고 연임을 했다. 전직 연극교사는 사업가인 동시에 교회의 지도자가 되었다. 어머니의 독재에 의해서 지배당했던 이전의 마마보이가 기꺼이 그의 의견을 수용해준 아내의 사랑에 의해서 자유로워졌다.

49세 때 포드는 그가 처음에 교회에 나가게 된 것은 "필요성을 느꼈기" 때문이라고 설명했다. 그는 "나는 하나님에 대한 믿음을 열심히 실천한다. 그 믿음은 강하지만 동시에 많은 호기심을 자극한다. 어쩌면 그것이 내가 교회 일에 특별히 적극적이게 된 이유들 중의 하나일 것이다."라고 적었다.

그의 업무 외 활동이 자동차 광고 분야의 "창의적인" 일보다 더 중요해졌다. 마침내 목사가 그에게 평신도 대표로서 교회 운영위원회에 참여해달라고 요청했다. 50대에 포드는 자신을 종교로 인도한 것은 그의 결혼식에서 주례를 선 목사였다고 했다. "나도 내가 왜 이렇게 적극적으로 참여하고 있는지 궁금하다. 나는 성경을 맹신하는 사람이 아니다. 오히려 나는 질문을 던지는 사람이다." 시험을 통과한

후, 포드는 평신도 전례집행자36가 되는 자격을 취득하게
되었다. 점점 더 그의 임무는 장로교 목사였던 조상들의 임
무를 닮아갔다. 또 그는 교회 역사에 관한 책을 집필해 출간
하기도 했다.

60세 때 그가 재직하고 있던 광고회사가 급작스럽게 파
산했다. 포드는 조기 은퇴를 했으며 아내와 함께 남부의 산
속에 있는 여름 휴양지 마을로 이사했다. 곧바로 그는 그 지
역의 성공회 교회에 나가기 시작했다. 처음에는 평신도 전
례집행자, 안내 담당, 그리고 운영위원으로, 그 다음 2년 동
안은 원로 교구위원37으로 사역했다. 해가 지나면서 거의
혼자 힘으로 포드는 여름에만 운영되던 교회를 일 년 내내
운영되는 교회로 만들었다. 포드는 기금을 모금하는 한편
교구 목사를 초빙해서 교육의 기회를 제공해 주었다. 또 그
는 집에서 50마일 떨어져 있는 교회에서 아침 예배를 집행
했다. 그는 위기를 겪을 때 아내와 하나님에게 의지한다고
말했다. 그는 사후세계를 믿었다. "그런 삶이 어떤 형태일지
는 여전히 미스터리이지만."

63세 때 포드는 일 년의 반을 플로리다에서 보내기 시
작했다. 거기서 그는 그 지역의 성공회 교회에 출석했으며

---

36 성공회교에서 성직자를 대신하여 예배를 맡아보는 평신도.
37 교구의 재산을 관리하는 신도 대표.

그 교회의 역사에 관한 저술 작업을 시작했다. 사후세계를 '믿느냐'는 질문을 받았을 때 그는 이것은 "까다로운 질문이다. 왜냐하면 그것은 믿음의 문제 중 하나이기 때문이다. '믿음은 바라는 것들의 실상이요, 보지 못하는 것들의 증거다.'"라고 적었다. 물론 이것은 '전망'을 위한 우리의 선천적인 능력이 진화해온 원리에 해당된다.

70세 때 포드는 사실 사람들이 나이가 들수록 죽은 뒤에 남기게 될 유산을 궁금해 하기 때문에 사후세계에 대해 더 많이 생각하게 된다고 생각했다. 80세 때 그는 매주 2번 이상 개인적으로 영적인 활동을 한다고 보고했다. 그는 또 "이 이성의 시대에 육체적 죽음을 넘어서서 무엇인가가 있다는 것을 확신할 수는 없다."라고 적었다. 하지만 그는 "어떤 형태로든지 우리 인간의 정신 중 일부는 지속된다. 설령 그것을 입증할 수 없다고 해도 이러한 믿음은 위안이 된다."고 시인했다.

그랜트 스터디 참여자들 중 임사체험에 의해서 영향을 받았던 유일한 참여자가 바로 크로스 교수였다면, 예수와 직접 개인적으로 대면한 유일한 참여자는 톰 머튼(Tom Merton) 박사였다. 머튼의 종교적 여정이 교회에 뿌리를 두고 시작되기는 했지만, 성경에 나오는 탕아처럼 그는 믿음으로부터 멀어졌었다. 그의 재회심(再回心)은 몇 년 뒤 예수의 존재를 느끼게 된 신비한 체험을 통해서 일어났다. 그 경험은 머튼의 오랜 외로움을 깨고 그에게 하나님의 사랑을 받아들이는 능력을 불어넣어 주었다.

머튼 박사는 본 연구에서 가장 외로운 아동기를 견뎌낸 사람들 중 하나였다. 그의 부모는 상류층이었지만 사회적으로 고립되어 있었고 병적일 정도로 의심이 많았다. 부모 둘 다 그랬다. 머튼은 첫 번째 인터뷰에서 "어머니가 아버지의 결점을 딱히 보완해주었던 것은 아니다."라고 말했다. 25년 후에 서글프게도 그는 자신이 어려서부터 인지하고 있었던 사실에 대해 재확인해 주었다. "나는 부모님을 좋아하지도 않았고 존경하지도 않았다." 어린 시절 그는 대부분의 식사를 혼자서 했다.

어려서부터 머튼은 종교에 이끌렸다. 그의 삶에서 전환점은 16세가 되던 해에 설교 세미나에 참석하고 있을 때 찾아왔다. 그 세미나는 청소년들이 자발적으로 참석할만한 자리는 아니었던 것으로 보인다. 그 때부터 머튼은 교회에 깊은 관심을 가지게 되었고 좋은 설교자가 되고 싶다는 소망을 가지게 되었다고 회상했다. 그랜트 스터디 연구진이 19세 때 처음 그를 인터뷰했을 때 그는 성공회 교회를 정기적으로 출석하고 있으며 목사가 될 생각이라고 말했다. 연구진은 그를 높은 이상을 가지고 있고 "양심적"이라고 묘사했다. 그는 "영적인 가치가 삶에서 가장 중요하다"고 믿었다.

2학년이 되기 직전 여름 방학에 머튼은 성공회 의료사역을 하러 래브라도(Labrador)38로 여행을 갔다. 그의 매우 신경증적이고 과잉보호적인 부모는 그가 회색곰한테 잡아먹힐까봐 엄청 두려워했다. (사실 회색곰은 래브라도에서 3천 마일이나 떨어진 캐나다 서부 해안에서만 발견된다.) 래브라도에서 머튼은 영적으로도 그리고 경력 면에서도 탈바꿈을 경험했다. 그는 의학 사례들에 강한 호기심을 가지게 되었고 성직이 아니라 의학을 전공하기로 마음먹었다.

하지만 머튼은 "행동보다는 말이 더 앞서는 사람이었다." 현실에서 그는 다른 사람들이 자기에게 의지하도록 하기 보다는 자기가 다른 사람들에게 의지하고 싶어 했다. 그는 이유 없이 하버드 보건소에 너무나 자주 들렀기 때문에 그랜트 스터디 연구에 참여했던 어느 의사는 "머튼은 정기적으로 신경쇠약증 환자가 되어가고 있다."라고 단언했다. 신경쇠약증은 1940년대에만 해도 심한 조롱의 의미를 담고 있었던 명칭이었다.

본 연구진은 머튼이 "의학에 적합하지 않다"고 보았지만, 어쨌든 그는 의대에 입학했다. 그는 인턴을 하기 직전에 의존적인 환자들을 돌보아야 한다는 사실에 잔뜩 겁을 먹

---

38 캐나다 동부의 래브라도반도 동부에 있는 지방.

고 자살 시도를 했다. 그 때문에 그는 단기 심리치료를 받은 후에 인턴십을 시작했다. 그는 자신의 일을 향한 동기가 "관대하고 지적인 선의를 실천하는 것…… 이러한 여력은 하나님이 주신 것이다."라고 주장했다. 이전 장의 크리스천 박사처럼 머튼은 그가 아직 받지 못한 것을 베풀고 싶어 했다. 그러나 젊은 머튼 박사에게 그런 유사(類似) 이타주의 혹은 모조(模造) 이타주의는 무용지물이었다.

안타깝게도 그는 '부인(否認)'[39]을 사용하고 있었다. 사실 머튼은 그의 의존적인 환자들을 혐오했다. 그리고 환자가 드러누워서 오로지 자기 자신에 대해서 얘기하기만 하는 정신분석이 교회를 대신하게 되었다. 교회는 단순히 "영감을 주는 사람의 이야기를 듣거나 가끔 저녁 강연을 듣는 장소"가 되었다. 이제 그의 근본적인 믿음은 "시간만 주어진다면, 사람은 자신의 어려움을 해결해 나갈 수 있다. 나는 더 이상 내가 하나님의 자녀들 중 하나로서 보살핌을 받게 될 것이라는 느낌이 들지 않는다. 나는 각자의 재능을 발전시키는 최상의 기회라고 여겨지는 민주적인 환경에서의 삶에 더 큰 믿음을 가지고 있다."가 되었다. 그는 또 프로이트의 정신분석학을 신봉했다. 정신분석학은 그가 마음 놓고

---

[39] 자아의 방어기제의 하나로서 관찰자의 눈에는 분명해 보이는 사실을 인정하지 않는 것.

자기에게 몰두하고 관심을 쏟을 수 있게 해주었다. 하지만 그는 스스로 사랑받고 있다고 믿는 것이 필요했다.

수년 동안 심리치료가 그를 지탱해 주었다. 34세 때 머튼은 "지난 몇 년간보다 더 행복하며 더 유능하다"고 느꼈다고 적었다. 마침내 그는 정신건강의학과 의사로 일하는 것을 즐기고 있었고 결혼도 앞두게 되었다. 그는 성공회 교회로 되돌아갔으며 남성도회 만찬 모임의 멤버가 되었다. 35세 때 또 다른 전환점이 찾아왔다. 그가 제대로 보살피지 못했던 약혼자가 파혼을 해버린 것이었다. 동시에 머튼은 결핵 진단을 받았고 일 년 동안 입원하게 되었다.

보통 경력을 쌓기 시작하는 젊은이라면 시련으로 여겼을 그런 상황이었지만 그는 당혹해하지 않았다. 오히려 머튼의 첫 번째 반응은 "난 내가 아프다는 사실이 반가웠다. 일 년 동안 쉴 수 있었다. 나는 환자로 지냈던 그 일 년을 결코 후회하지 않을 것이다."였다. 하지만 그는 그 일 년이 간호사의 애정 어린 보살핌을 지속적으로 받을 수 있었던 시간이라는 것을 의식적으로는 인정하지 못했다. 그러한 보살핌은 그가 대학 시절에 하버드 대학교 보건센터에서 불필요하게 치료받으려고 계속 시도하면서 너무나 갈망했던 사랑이었다.

머튼이 병원에서 애정 어린 보살핌 이외에 종교적 체험

도 했다고 연구진에게 털어놓은 것은 그로부터 7년이 지난 후였다. 예수가 그의 입원실로 들어와서 "나를 따르라"라고 말했다는 것이다. 그는 그 경험을 통해 "누군가, 아마도 대문자 'S'로 시작하는 누군가가 나를 보살피고 있다"는 생각을 갖게 되었는데, 이것은 좀 신비하면서도 이따금씩 반복해서 드는 생각이었다고 설명했다. "결핵 때문에 투병 중일 때 나는 일종의 종교적인 체험을 했다. 나는 내가 한동안 정신이 나갔었다고 생각했다. 하지만 천주교에서는 '은총'으로 알려져 있는 일이었다. 나는 그 경험을 잊지 못할 것이다. 내가 조금 더 수용적인 사람이 될 수 있도록 가르침을 주었던 일 년의 요양생활 이후로 나는 예전만큼 고난을 많이 겪지 않는다는 것을 깨닫게 되었다."

40년 후에 머튼은 그가 한 경험에 대해 보다 상세하게 털어 놓았다. 그 일이 일어났을 때, 그의 입원실은 "내가 침대 등을 끄는 것을 잊어버린 것처럼" 갑자기 빛으로 가득 찬 것처럼 보였다고 말했다. 빛과 함께 예수의 목소리가 들렸다. "나를 따르라." 그는 이것이 진짜 환영이 아니라, "나를 따르라."는 말씀을 정신적으로 체험한 것이었다고 말했다. 그는 이 체험이 담고 있는 명확한 메시지를 알았다. 침대 옆에 무릎 꿇은 채로 그는 "비범한 힘을 느끼고 압도되었다." 그는 자신에게 사랑의 힘을 가르쳐 준 이 경험을 "은

총"으로 보게 되었다. 그의 병약했던 일 년은 변신을 위한 시간이 되었다. 40세가 되자, 졸업 직후에 심하게 불안해하던 것과는 확연히 다르게, 이번에는 그가 의학과 관련해서 가장 좋아하는 점을 "나는 문제가 있었고 그것을 가지고 다른 사람들에게 갔었다. 이제는 사람들이 나에게 오는 것을 즐긴다."는 것이라고 보고했다.

시간이 흘러 머튼 박사는 성공회 교회로 되돌아왔다. 61세 때 그는 대성당협회(Cathedral Associates)에서 적극적으로 활동하게 되었다. 이 수줍음을 타던 젊은 청년은 이제 성공회 교회가 "공동체를 위한 중심기관이 되도록 만들기 위한" 프로그램들을 계획했다. 그는 대학 시절 대인관계를 회피하거나 정신분석을 받느라 긴 의자에 누워서 자기 몰두를 할 때에는 결코 상상해 본 적이 없는 삶에 완전히 몰입하고 있었다. 그는 지역 교회 뉴스에 많은 글을 써서 발표했다. 그리고 교회가 후원하는 중앙아메리카 난민 구호 활동을 하고 일 년에 두세 번씩 이웃들과 마을 파티를 열었다. 더 젊은 시절에 그는 "나는 더 이상 내가 하나님의 자녀들 중 하나로서 보살핌을 받게 될 것이라는 느낌이 들지 않는다."라고 서글프게 인정했었다. 60대에 그의 역경을 극복하기 위한 인생철학은 "친구들과 믿음, 그리고 무기력감을 피하려고 하지 않는 것"이었다. '사후세계를 믿습니까?'라는 질문에 그는 "나는 세월이 흐를수록 점점 더 신비주의자가 되어 가는 것 같다. 십년 전에는 힐데가르드(Hildegard)[40]와 마이스터 에크하르트(Meister Eckhart),[41] 토마스 머튼(Thomas Merton)[42]의 이야기가 무슨 소리인지 알 수 없었지만, 이제는 분명하게 알 수 있다. 그 질문에 대한 나의 대답은 '예'이다. 하지만 십자가에 매달린 예수처럼 일정한 형태가 정해져 있는 것은 아니다. 나는 당신에게 말할 수 있다. 정말로 그렇다. ― 진실로, 진실로, 내가 너희에게 이르노니 ― 그가 바로 하나님의 아들이었다."

67세 때 머튼은 지난 10년 간 그에게 일어났던 가장 중요한 일이 그가 "영적인 삶을 살게 되었다는 것"이라고 적었다. 그는 이제 하나님에 대한 개인적인 믿음을 소중하게 여겼고 종교 기관을 조직해서 어린이들에게 '아주' 중요한 종교 훈련의 기회를 제공해 주었다. 그는 대성당협회의 위원회에 참여했으며 '전화 연락 업무'를 보면서 귀향군인들

---

40 독일 최초의 여성신비가로서 귀족 가문에서 태어나 유년기부터 종교적 환시를 경험했으며 수녀가 된 후 빈넨(Binen) 근교의 수도원장이 되었음.
41 독일의 신비학자로서 그가 죽은 뒤인 1329년에 요한 22세가 그의 주장이 이단이라는 판정을 내렸으나 그의 경건주의 사상은 루터(Luther)의 믿음의 교리, 칸트(Kant)의 비판적 관념주의, 그리고 헤겔(Hegel)의 범신론적 철학에 영향을 주었음.
42 현대의 대표적인 영적 스승으로서 트라피스트회 신부이자 작가 그리고 인권운동가였음. 그의 사상은 후대의 헨리 나우웬(Henri Nouwen)과 필립 얀시(Philip Yancey) 등에게 영향을 주었음.

을 대상으로 하루에 5시간씩 일했다.

머튼이 70세가 될 무렵에 나는 은퇴를 마주하고 있던 모든 참여자들에게 했었던 질문을 그에게도 했다. '당신은 당신의 자녀들로부터 무엇을 배웠나요?' 그는 심사숙고한 후 다음과 같이 대답했다. "그건 어려운 질문이네요…… 와 퍼 버거가 아닐까요?" 그의 대답은 실망스러운 것이었다. 물 론 나는 이 민감하고 달변인 남자가 더 심오한 응답을 할 것 이라는 느낌을 가지고 있었다. 이틀 후에 내가 하버드 대학 교 모임에서 강연을 하려던 참에, 그는 얘기를 더 들려주려 고 돌아왔다. 눈가에 눈물이 맺힌 채 그는 불쑥 말했다. "내 가 자녀들로부터 무엇을 배웠냐고요? 난 사랑을 배웠어요!"

몇 년 후에 머튼의 두 딸들 중 한 명이 그랜트 스터디 연구실을 방문했다. 이제는 50세가 된 그녀는 두 딸 모두가 그를 모범적인 아버지로 기억한다고 말했다. "아버지는 정 말 베푸는 능력을 타고나셨어요." 간단히 말해서, 그는 자신 에게 의존하는 사람들을 끔찍이 두려워하는 자기중심적인 젊은이로부터 출발해 성숙해진 다음에는 자신의 환자들에 게는 예수 그리스도의 사랑의 힘을, 그리고 그의 자녀들에 게는 에릭슨(Erikson)의 '생산성'의 힘을 본보기로 보여주는 어른이 되었다(그의 두 번의 결혼은 모두 이혼으로 끝났다. 아마도 그가 아내들이 그를 위해서 내주는 사랑을 받아들이기보다는 아내들에게 부모노릇을 하려고 했기 때문이었을 것 같다.)

71세 때 그는 "(처참했던 두 번째 이혼의 말미에) 정신병적 우울을 겪는 것은 잿더미를 지나 내면의 전사(戰士)를 찾는 길이 될 수 있다."고 설명했다. 그는 "나는 지금은 어떤 고난도 겪고 있지 않다. 나는 묵상(默想)을 하게 되었다. 나는 절묘하게 나를 인도해 나 자신이 엄청나게 사랑받고 있다고 느끼게 해주시는 하나님이 계시다는 것을 안다. 내 차례가 오면, 죽을 때가 되면…… 난 마음의 준비가 되어 있을 것이다. 너무나 많은 사람들이 겪었던 경험일지라도 나는 그것을 놓치고 싶지 않다."

1977년에 처음 내가 머튼 박사의 삶에 대해서 썼을 때는 무엇이 그의 회복을 가능하게 해준 것인지 몰랐다. 환자로 지낸 일 년이 촉매 역할을 한 것은 분명했다. 하지만 어떻게? 머튼은 그의 병원을 찾아온 예수에게 모든 공을 돌렸다. 하지만 나는 이 문제와 관련해서 한 때 애정에 굶주렸던 소년이 애정 넘치는 보살핌과 간호를 받은 일 년의 시간 덕분이라고 생각하는 쪽으로 마음이 기울었었다. 하지만 어느 쪽의 설명도 아주 만족스럽지는 않았다. 이제 분명한 것은 그것이 그렇게 중요한 것은 아니라는 점이다. 사랑은 무엇처럼 보이는가? 예수의 비전? 혹은 보살펴주는 간호사? 혹은 당신에게 사랑을 가르쳐준 딸? 사랑은 저마다 다르다. 확실한 진실은 사랑은 사랑이며 어떤 종류의 사랑이든 모두가 중요하다는 것이다.

그의 50회 하버드대 동창회 연보에서 머튼은 만신창이에서 성숙하고 완전한 인간으로 바뀐 기적과 같은 자신의 변신을 예수나 프로이트를 거론하지 않고도 설명했다. 그는 자신의 환골탈태(換骨奪胎)를 설명하기 위해서 동화 『벨벳 토끼(The Velveteen Rabbit)』에 나오는 은유를 사용했다. "그 이야기는 우리에게 친절하게 들려준다. 오직 사랑만이 우리를 진짜로 만들어 줄 수 있다고. 하지만 소년 시절에 나는 지금에 와서야 깨달을 수 있는 이유들로 인해 이러한 사실을 인정하지 않았다. 내가 대체할 수 있는 자원들을 찾는 데에는 오랜 세월이 걸렸다. 정말 놀랄만한 것은 그런 자원들이 정말 많이 있으며 그러한 자원들이 우리를 회복시켜주는 힘이 대단하다는 것이다."

78세 때 그는 "리비도 이론은 성령에 비하면 별 뜻 없는 어려운 말을 지껄이는 것이다…… 사도 바울이 적었듯이, 사랑은 세상 속에서 가장 중요한 힘이다. 그것을 놓치는 자들에게 화가 있을 것이다…… 만약 내가 제대로 이해하는 것이라면, 미국 원주민의 영성과 비슷한 불교도의 깨달음은 내가 몇 차례 명시했던 말에 힘을 실어준다. 존재한다는 것은 소속감을 느끼는 것이다. 오래 전 병실에서 느꼈던 하얀 빛의 경험과 예수의 존재를 느끼게 해준 경험이…… 이렇게 오랜 시간이 흐른 지금까지도 여전히 생생하며 나를 안심시켜준다.”

　한때는 외로웠던 머튼 박사가 80세 때 각자 음식을 준비해 오는 파티를 열었다. 그의 교회에서 사람들이 300명이나 왔다. 그는 재즈 밴드를 초청했다. 82세에 머튼은 스쿼시를 하다가 치명적인 심장 발작이 왔다. 그의 장례식 날에는 교회가 꽉 찼다. “그에게는 깊고 성스러운 진솔성이 있었다.”고 주교가 추도사에서 말했다. 그의 아들이 했던 헌사는 “아버지는 매우 단순한 삶을 사셨지만 인간관계는 매우 풍요로웠어요.”였다. 머튼 박사는 더 이상 자기 자신에게만 의지해야한다고 느끼지 않았다. 그는 부활과 믿음의 신비를 믿었다! 하지만 처음에 그는 ‘개종(改宗)’이 필요했다. 그는 사랑을 받아들이는 법을 배울 필요가 있었다. 달리 말하자면, 당신이 마음속에 천국을 가지려면, 전망을 하려면, 인간의 발달 과정이 필수적이다. 그리고 그것이 바로 당신이 이 책에서 꼭 얻어가야 하는 메시지 중 하나다.

9장

왜 믿음의 상실이 일어나는 것일까?

"나는 기꺼이 나의 불멸에 대한 전망을 한 잔의 시원한 맥주와 교환할 것이다"

헨리 소로(Henry David Thoreau)[1]

지금까지 나는 세월이 흐르면서 믿음이 깊어졌던 사례들을 보여주었다. 그 방법이 신앙적인 의지이든 상상력에 기초한 희망이든 아니면 친밀감을 바탕으로 한 사랑이든 간에 참여자들의 그러한 믿음은 그들이 인생의 흥망성쇠를 헤쳐 나가도록 해주었다. 그런 믿음은 대개 사후세계에 대한 영원한 신뢰를 동반했다.

헨리 소로(Henry Thoreau)는 어떠했는가? "대부분의 사람은 꽤 절망스러운 삶을 산다."고 일반화했던 것이 소로 아니었던가? 그랜트 스터디 참여자들의 삶과 사회경제적으로 정반대의 극단에 위치했던 도심 표본[43]의 삶을 연구한 바에 따르면, 나는 소로의 관점이 지나치게 비관적이라고 주장할 수밖에 없다.[2] 하지만 아마도 신과 사후세계에 대한 믿음을 잃었던 사람들의 경우는 예외가 될 것이다.

많은 그랜트 스터디 참여자들의 경우, 사후세계라는 이슈는 그다지 재고할 만한 가치가 없는 것이었다. 그들은 종교에 대해 별다른 믿음 없이 성장했으며 일생 동안 불가지론자와 무신론자 사이의 중간 어느 지점인가에 있었다. 그들은 더 높은 힘이 존재하는지 여부에 대한 질문 자체가 안중에 없었다. 왜냐하면 그들은 아주 어린 시절부터 그런 힘이 존재한다고 생각하지 않았기 때문이다. 그러한 믿음의 결여는 우리가 파악할 수 있는 성격 특징과는 무관했다. 오히려 거기에는 그들의 삶을 다른 방향으로 이끈 내적인 도덕적 나침반과 양육이 더 중요한 영향을 미쳤다. 그럼에도 불구하고, 내가 이미 지적했듯이, 그 관계의 강도가 약하긴

---

43 지적으로 뛰어난 남학생이었던 하버드생 표본에 관한 연구 결과를 일반 사람들에게 적용하기는 어렵다는 점을 고려하여 하버드 대학의 성인발달 연구 책임자인 베일런트 박사는 나중에 새로운 표본을 추가로 조사하였음. 그 중 하나인 도심 표본은 보스턴에 거주하는 456명의 청소년들로서, 그들은 사회경제적으로 매우 불리한 조건에서 생활하고 있었음. 이 표본에서 절반 정도는 아동기 때 슬럼가에서 살았으며 대부분이 극빈 가정 출신이었음.

해도 영생에 대한 믿음이 성공적인 노화와 통계적으로 상
관이 있었다(부록 V).

그리고 믿음을 상실한 사람들도 있었다. 다음 장에서
살펴보게 될 것처럼, 그 중 몇몇은 알코올중독이나 질환 때
문에 믿음을 상실했다. 러브 판사처럼 어떤 이들은 애정이
넘치는 인간적인 환경 속에서 점점 더 즐겁게 생활하게 되
면서 종교생활을 잃어버리기도 했다. 하지만 안타깝게도 대
부분은 자애로운 신에 대한 믿음이 대중의 아편이라고 생
각했기 때문에 종교로부터 멀어졌다. 이는 '이성'만을 지나
치게 강조하는 학문들이 저지르는 일이기도 하다. 이전 장
에서 소개한 머튼 박사가 75년에 걸친 그랜트 스터디의 주
요 교훈, 즉 시인 버질(Virgil)의 '사랑은 모든 것을 이긴다.'
를 보여주는 전형적인 인물이라면, 적어도 한 사람, 사이먼
델(Simon Dell) 박사는 자폐증, 즉 공감하지 못하고 사랑을
받아들일 줄 모르는 생물학적 무능력이 환경적으로 뿌리내
려진 종교생활도 파괴해버린다는 것을 보여준다.

델 박사의 성장기 가정환경은 양호한 편이었다. 하지만
그는 자폐스펙트럼장애(공감의 생물학적 결여)가 있었다. 알코
올중독과 마찬가지로 자폐스펙트럼장애는 가족관계에서의
'역동'보다는 유전에 의해서 야기되는 장애로서 그의 성인
기 삶에 심각한 손상을 가져왔다. 델은 외로운 아동기를 보

냈다. 하지만 겉보기에 이는 다른 사람들을 밀쳐내는 성격 때문인 것 같았다. 고등학교 시절, 델은 반에서 아이들이 가장 싫어하는 사람이 자기 자신이라고 생각했으며 그 이유를 자신의 IQ가 매우 높아서라고 생각했다. 그는 또래들이 그가 얼마나 똑똑한지를 알아볼 수 있게 튀는 행동들을 했다. 17세 때 그가 좋아했던 한 소녀는 그가 최소한 상냥하기라도 하면 사람들(특히 소녀들)한테 지금보다 더 인기가 있을 것이라고 조언했다. 분명히 이 조언은 그가 다른 사람과의 상호작용을 지각하는 방식에 중요한 영향을 미쳤던 것 같다. 왜냐하면 그는 난생 처음으로 다른 사람들이 그를 어떻게 바라보는지에 대해서 생각해보게 되었기 때문이다.

청소년이었을 때 델은 매우 종교적이었다. 그는 천주교 학교에 다녔다. 그는 가족과 함께 매주 교회와 주일학교에 갔다. 그래머스쿨[44]에 다닐 때, 델은 매주 성당에 갔으며 심지어는 신부가 되겠다는 생각까지 했다. 그의 부모는 본 연구진에게 자녀들 중에서 사이몬이 교회의 영향을 가장 많이 받았으며 "종교가 그의 삶에서 중요한 역할을 해왔다."고 말했다. 하지만 고교 시절부터 시작되어 대학 시절에 더

---

[44] 미국의 경우, 처음에는 10세~14세를 위한 중등학교였으나, 나중에 5세~9세를 위한 초등학교와 결합된 형태로 바뀜.

욱 강해진 종교에 대한 의구심은 그의 믿음을 서서히 **빼앗**아갔다.

1941년에 본 연구진이 델을 인터뷰했을 때 그는 "삶이 무엇을 의미하는지" 혼란스럽다고 시인했다. 그는 "그의 천주교 신앙의 진실성에 대한 의심이 들기 시작했을 때 상당한 수준의 두려움과 공황심리에 **빠졌다**." 그리고 지적이고 철학적인 견해들을 이용해서 종교가 중요하지 않다는 것을 자신에게 확신시킴으로써 안도감을 느낄 수 있었다. 그는 스스로를 "거의 불가지론자"라고 보기 시작했다. 그는 인생의 근본적인 물음들과 관련해서 종교보다는 철학 수업이 가르쳐준 것이 "더 진짜"라고 믿었다. 그런 의구심을 갖고 있었음에도 불구하고, 델은 미사에 정기적으로 출석했고 고해성사에 나갔으며 성찬식에도 참여했다. 본 연구에 참여했을 때, 그는 하나님을 믿고 있으며 어떤 불멸의 존재가 존재한다는 "어렴풋한 느낌"을 가지고 있다고 말했다. 또 여전히 그는 무슨 일이 잘못 되거나 스트레스 사건이 다가오고 있을 때 기도를 했다. 하지만 또 다른 한편으로는 "지금까지의 내 생각으로는, 하나님은 내게 그저 이름일 뿐이다."라고 인정하기도 했다. 델의 하나님은 사람들과 관계를 맺고 있는 존재는 아닌 것이 분명했다. 델은 그 후 몇 년에 걸쳐서 점차 교회로부터 멀어졌으며 26세 때는 미사에 전혀 참석하지 않게 되었다. 20대 후반에 그의 역경을 극복하는 인생철학은 "끝끝내 성취해내는" 그의 능력이 고난을 이겨낼 수 있게 한다는 것이었다. 그는 자녀들을 교회 학교에 보낼 계획이 없다고 적었다. 그는 개인적으로 삶에 대한 성숙한 철학을 얻는데 특별히 어떤 종교적 지향이나 믿음이 필요하지는 않다고 느꼈다.

델의 학업과 경력은 그의 종교적 믿음만큼이나 순탄하지 않았다. 제2차 세계대전 동안에 델은 징병유예를 받고 민간인 과학자로서 근무했다. 그는 23세 때 결혼했으며 대학원에서 물리학을 전공하기 위해 다시 하버드로 되돌아갔다. 하지만 3년 후에 학위를 받고자 했던 계획을 포기했다. 그는 석사학위 취득을 위한 요건들은 완수했지만 학위를 받기 직전에 자퇴했다. 나중에 그는 당시의 "교육 태도와 교육과정 내용"이 마음에 안 들었기 때문에 대학원 과정을 그만 두었다고 했다. "자기 자신과 동료의 동기 및 자아실현에 대한 이해가 과학이나 예술에 대한 어떤 지식보다도 행복과 더 건설적인 행위에 훨씬 더 중요하다."고 적었다. 델의 경우, 그러한 진술 내용은 실천보다는 말이 앞서는 얘기일 뿐이었다.

그는 핵 연구실에서 몇 년간 일을 한 후에 정규직 보조 연구원으로 일하기 시작했다. 그의 업무는 그의 높은 지능

과 학력에는 미치지 못하는 것이었다. 41세 때 델은 MIT 전
자가속기에서 엔지니어/물리학자로 일하기 시작했다. 그랜
트 스터디의 기준을 적용하면, 그의 봉급은 매우 적었다. 51
세 때 델은 "임시로 은퇴한 상태"라고 적었다. 그와 아내가
남은 일생 동안 도움을 받았던 재정 수입은 주로 처가로부
터 받은 유산이었다. 그의 지적인 천재성에도 불구하고 짧
고 볼품없는 델의 이력은 심각한 심리적 손상이 있는 사람
이 보일만한 수준에 불과했다.

델은 그가 받은 교육에 대해 "자기 자신과 다른 사람들
을 이해하는 것을 더 강조하지" 않았다며 유감스러워했다.
하지만 정작 그의 주된 취미는 혼자 하는 그리고 자폐적으
로 보이는 컴퓨터 '시스템' 작업이었다. 그는 이러한 작업을
몇 년 동안 지속했다. 그러고 나서 그는 관심의 초점을 '경
제학과 투자'를 공부하는 것으로 바꾸었다. 그에 따르면, 자
신의 취미와 지적인 관심은 "본능과 이성으로 이루어진 인
간을 이해하는 이론적 모형을 구축하기 위해 컴퓨터의 능
력에 버금가는 합리성을 가지고" 많은 생각을 하는 것을 포
함하고 있었다. 그는 이처럼 다소 으스스한 생각이 "만족스
러운 함의점을 많이" 가지고 있다고 주장했다.

40대에 델은 교회에 전혀 출석하지 않았다. 하지만 그
의 아내는 교인이었다. 하나님과 조직화된 종교 제도에 대

한 개인적인 믿음은 그에게 '거의 혹은 전혀' 중요하지 않았다. 그는 46세 때 "만족감의 근원은 대체로 내적인 것이다. 왜냐하면 다른 사람들로부터 입력되는 것은 오랜 시간을 필요로 하기 때문이다."라고 적었다. "성경의 관점에서 볼 때, 당신은 얼마나 '성장했습니까?'"라는 질문에 대부분의 참여자들은 경력통달과 생산성 측면에서 성장한 내용을 답했다. 대조적으로, 델은 "내게는 아무 일도 일어나지 않았다."고 간단히 적었다. 상상력도 그의 장점이 되지는 못했다.

53세 때 델은 그의 삶에서 하나님에 대한 믿음, 조직화된 종교적 제도, 자녀의 종교적 교육, 그리고 종교적 질문들은 '거의 혹은 전혀' 중요하지 않다고 답했다. 믿음의 근본 원리와 신념, 개념, 규약에 관한 질문에 대해서도 그는 수수께끼 같은 답을 남겼다. "인간=다른 포유류의 본능+컴퓨터 능력. 본능은 상당히 믿을만하다. 하지만 컴퓨터 부분은 여러 가지 '버그'를 포함해서 여러 가지 다른 방식으로 프로그램될 수 있다." 50대 후반에 했던 인터뷰에서 델은 어떻게 해서 그와 아내가 그 지역에서 교회에 다니지 않는 유일한 사람들이 되었는지에 대해 장황하게 늘어놓았다. 자신들 주변에는 종교적 근본주의자[45]들만 있다고 했다. 여전히 그

---

45 해당 종교의 경전에 나오는 내용이 모두 '문자 그대로' 진실이고 오류가 없다고 믿는 맹신자들을 말함.

의 아내는 그의 유일한 친구였다.

60세 때 그의 역경을 극복하는 인생철학은 "슬픈 발라드 음악을 듣고 혼자 따라 부르는 것"이었다. 또 그는 "중요한 것은 걱정의 쳇바퀴로부터 주의를 분산시키는 것이다."라고 생각했다. 사후세계를 믿느냐는 질문을 받자, 그는 다음과 같이 적었다.

"사후세계요? 아니요, 토끼나 새를 믿는 것 이상은 아니예요.[46] 나는 종교의 세계보다 과학의 세계 안에 있을 때 더 편안합니다. 과학의 세계는 '효과가 있는 것'이 반복적으로 증명되어야 하는 곳이죠. 반면에 종교의 세계에서는 경쟁하는 '믿음들'이 화해하는 법이 없죠. 종교가 고난에 처한 사람들에게 큰 위로를 주기는 하지만 전(全) 세계의 문제들에서 많은 부분을 차지하기도 하죠."

같은 해에 델은 『삶에 대한 아이디어(Ideas About Life)』라는 에세이를 썼다. 거기서 그는 "신의 존재와 사후세계 같은 항목들은 아직까지 아무도 과학적인 방법을 사용해 그것을 측정할만한 좋은 검사를 고안해내지 못한 과학적

---

46 델은 자폐스펙트럼장애가 있기 때문에 다소 특이한 표현을 사용한 것으로 보임.

이론으로 간주될 수 있다."라고 적었다.

세월이 흐르면서 델의 아내도 교회를 떠났다. 81세 때 그는 아내와 함께 인터뷰를 받았다. 그의 아내는 "우리는 종교에 미쳐있지 않아요. 기독교 신자도 아니고요."라고 스스럼없이 얘기했다. 델은 그가 부모의 천주교를 벗어나야만 했다고 덧붙였다. "내가 벗어나와야만 했던 종교적인 것. 믿음은 그 어떤 것을 위한 해결책도 되지 않는 것처럼 보였어요." 그는 무신론에 의해서 야기된 '빈 부분'을 채우기 위해 무엇을 했느냐는 질문을 받았을 때, "나는 강한 윤리의식을 가지고 있어요."라고 대답했다. 그의 아내는 자선사업에 참여하고 있다고 대답했다. 하지만 동시에 그녀는 자신을 매우 반사회적이라고 말했다.

3년 후 델의 아내가 사망했다. 그 무렵 델은 자신의 감정에 대해서 더 개방적으로 되어가고 있었다. 그는 실버타운에서 한 여성을 만났는데, 그가 88세 때 죽을 때까지 그녀에게 매우 헌신적이었다. 일생 동안 델은 사람들과 하나님보다 컴퓨터와 사물들을 더 선호했다. 다른 사람들과 관계 맺는 그의 능력은 한 번에 한 명씩으로만 제한되어 있었다. 처음에는 천주교의 하나님, 그다음에는 그의 삶에서 중요했던 두 여성. 자폐스펙트럼장애로 인한 선천적인 공감능력의 결여에서 비롯된, 관계를 유지하지 못하는 무능력이 그의 원가족(原家族)[47]이 가지고 있었던 강한 종교적 유대를 유지하는 능력과 그의 사이를 갈라놓고 말았다.

델 박사와 더불어 다음 장에 소개되는 사례의 경우, 그러한 무능력은 뇌손상 때문이었다. 러브 판사의 경우에는 사후세계를 전망하지 못하는 무능력이 뇌손상 때문이 아니라 믿을 수 없을 정도로 좋았던 행운 때문이었다. 하지만 아래에서 소개하는 윌리엄 버드(William Byrd)의 경우에는 믿음을 버린 이유가 그다지 쉽게 설명되지 않았다.

종교는 윌리엄 버드의 가족에게 중요했다. 그의 어린 시절에는 가족 전체가 성공회 교회에 적극적으로 그리고 정기적으로 나갔다. 그의 어머니는 자신과 남편이 대대로 "친절하고 존경할만하며, 인간에 대해서 커다란 책임감을 느끼면서 하나님을 두려워하는" 집안 출신이라고 보고했다. 버드는 자신의 대가족과 아주 가까웠으며 그의 가족 환경은 1946년에 초기 연구진이 보기에 그 어떤 그랜트 스터디 참여자보다도 좋은 것이었다. 그러나 버드는 고학력의 사회 과학자와 결혼했는데 그녀는 프로이트, 리차드 도킨스, 그리고 샘 해리스가 조직화된 종교를 불신했던 이유들을 그의 머릿속에 반복적으로 심어주었다.

---

47 가족을 구조적인 측면에서 분류할 때 개인이 태어나서 자라 온 가정, 혹은 입양되어 자라 온 가족을 말함.

청소년기에 버드는 그의 가족이 거주했던 고립된 메인 (Maine) 섬을 탐색하면서 자유시간의 대부분을 혼자서 보냈다. 겉으로는 만족해하는 듯이 보였지만, 후에 그는 고교 시절에 교우관계가 없었기 때문에 이 몇 년이 자신에게 가장 불행한 때였다고 얘기했다. 그의 부모는 모두 예술가였고 재정적인 어려움을 겪었다. 하지만 버드는 고등학교 때는 영국 소재 사립학교에서 공부할 수 있는 장학금을 받았고 하버드 대학교에 입학할 수 있는 장학금도 받았다.

버드는 대학 시절 정기적으로 교회에 출석했지만 그의 관심 영역은 변하기 시작했다. 그는 예술과 생물학 둘 다에 열정적이었다. 특히 조류학에 관심이 많았다. 그는 일주일에 19시간을 조류를 관찰하면서 보냈으며 하버드 조류 클럽의 몇 안 되는 멤버들 중 하나였다. 그는 21세 때 하버드 대학교를 졸업하고 해군에 입대했다. 처음으로 그는 사람들에게 관심을 가지게 되었고 다른 사람들에게 감사하게 되었다. 본 연구의 인터뷰에서 그는 이제는 더 이상 스스로를 다른 사람들로부터 차단시키고 대부분의 시간을 혼자서 보내고 싶지 않다고 단언하기까지 했다.

이 무렵 버드가 본 연구의 질문들에 대답한 내용은 그의 뿌리 깊은 종교적 믿음 속에서 점점 갈등이 자라나고 있음을 보여준다. 질문지 내용 중 결혼 부분에서, 그는 그가

가장 끌렸던 여성에게 어떤 '종교적인 문제'가 있었는지를
설명했다. 그는 "결혼에서 종교는 언제나 매우 중요한 문제
인 것처럼 보인다. 왜냐하면 많은 사람들이 자신의 종교를
처음 드러내는 영역은 배우자와 배우자에 대한 감정 부분
이기 때문이다."라고 자세히 설명했다. 버드는 친밀한 이성
관계에 대해 설명할 때마다 언제나 각 여성의 종교생활을
명시했다. 그는 자신의 종교적 관점이 달라졌는지 여부에
대해 응답하면서 "교회에서의 차이가 예전에 생각했던 만
큼 그렇게 중요한지는 잘 모르겠다. 주님에 대한 믿음은 예
배의 형식과는 상관없어야 한다."고 적었다. 종교와 관련된
의구심을 표현했음에도 불구하고 그는 역경을 헤쳐 나가기
위한 인생철학이 "하나님에 대한 믿음"과 가족이 세운 가치
기준들이라고 적었다. 이때까지 아직 그는 가족의 규율을
따르고 있었다.

　25세 때 버드는 하버드 대학교 생물학과에서 대학원 과
정을 시작했다. 대학원 시절에도 계속 그는 성공회 교회활
동에 적극적으로 참여했다. 30세 때 그는 미래의 아내와 약
혼하게 되었다. 하지만 알래스카에서 생물학적인 조사 프로
젝트를 수행하고 있었기 때문에 그는 약혼녀와 어쩌다 한
번 만날 수 있었을 뿐이었다. 그와는 달리 약혼녀의 관심사
는 사회학, 경제학, 인류학이었다. 그녀는 유니테리언 교도

였다. 그에게는 종교에 대한 그녀의 인류학적 전망이 생소한 것이었다. 그는 그녀의 전망과 정치학이 "교회에서 듣는 설교에 대한 그의 접근법을 변화시켰다."고 적었다. 난생 처음으로 버드는 교회가 재정적 이익이라는 측면에서 무엇을 얻으려고 시도하는지를 파악하려고 애썼다. 그는 자신의 의식 내부에서 일어난 이러한 변화를 다음과 같이 표현했다. "예전에 나는 그들의 임무가 기독교를 해석해서 행동으로 실천할 수 있게 하는 것이라고 생각했다. 나는 사회사업에 대한 권고, 교회에 돈 내는 것, 혹은 정치에 관한 설교에 반감을 갖게 되었다. 반감을 더 갖게 될까봐 걱정되기는 하지만 무슨 일이 일어나고 있는지는 알고 싶다."

버드는 30세 때 결혼했으며 32세 때 하버드 대학교의 조교수가 되었다. 그와 아내는 가능할 때는 교회에 나갔지만 점점 버드의 종교는 자연으로 변해갔다. 그가 교회에 정기적으로 출석한다는 것은 '조류관찰'과 야외활동 시간이 줄어든다는 것을 의미했다. 그는 "일요일은 '조류관찰'을 할 수 있는 날이다. 변명을 해야 할 것 같기는 하지만 '조류관찰'에 우선순위가 있다."고 설명했다. 인생에서 역경을 극복하기 위한 인생철학을 서술하라고 요청받았을 때, 그는 "하나님이 실제로 존재한다는 것과 인류의 타고난 선함, 그리고 당신을 속이지 않을 자연과 우주의 법칙"에 대한 믿음이라고 적었다. 그는 여전히 삶에 대한 성숙한 철학을 얻기 위해서는 일종의 종교적 지향이나 믿음이 필요하다고 믿고 있었다. 그는 "이런 종류의 믿음이 삶의 근본적인 부분이라고 굳게 믿고 있었다. 그것은 삶에서 매우 중요한 연료공급원 중 하나다." 그는 교회에 불규칙적으로 출석했지만 자녀들이 충분히 자라면 주일학교에 보낼 계획을 여전히 가지고 있었다.

35세에 자연보호협회(Nature Conservancy)의 연구 책임자가 되었을 때 버드의 경력은 변화하기 시작했다. 후에 그는 "인간의 환경 문제"에 대해 점점 더 자각하게 되었다고 표현했다. 그는 동물에 대한 문제뿐만 아니라, 인구 조절과 자연 자원을 착취하는 문제에 대해서도 염려했다. 40대 초반에 그는 교회에 거의 나가지 않았다. 그의 근본적인 믿음은 이제 자연에 중심을 두고 있었다. 그는 인간을 포함해서 자연의 모든 것이 법칙의 지배를 받으며, 인간과 동물의 행동적인 법칙이 "중력과 에너지 자체만큼이나 사실"이라는 깊은 믿음을 가지고 있었다. "질서의 근원은 하나님이다." 그리고 인간 본성의 법칙을 거스르면 불행해진다. 그는 "인간에게는 자연의 법칙에 대한 믿음 혹은 신념을 향한 기본 욕구가 있다"고 믿었다.

사후세계와 관련해서, 그는 "내 안의 생물학자가 교재

에 실린 사후세계에 대한 그림들을 의구심을 갖고 바라보
도록 만든다."라고 적었다. 하지만 동시에 버드는 물질주의
에 대한 불만족도 표현했다. 그는 여전히 하나님에 대한 개
인적 믿음이 '중간 정도로 중요하다'고 느꼈고 자녀들에게
종교교육을 제공하는 것도 '매우 중요하다'고 느꼈다. 그가
원가족의 성공회 믿음으로부터 벗어났다고 하면서도 그의
근본적인 믿음의 대부분은 아버지로부터 배운 것이라고 말
하며 원가족의 가치를 여전히 품고 있었다.

버드가 46세였을 때, 어머니가 췌장암으로 사망했다.
그의 종교적 믿음은 계속해서 희미해져갔다. 그는 그가 받
은 성공회 스타일의 양육에 대해 환멸적으로 표현했다. "내
가 자연 및 다른 사람과 맺는 관계를 분석하는 과정에서 나
는 내가 알게 되었던 교회가 또 다른 미신이라는 사실을 깨
닫게 되었다. 하나님과 네 이웃을 네 몸과 같이 사랑하라,
그 안에는 많은 진실이 있다. 하지만 과거에 교회라는 이름
으로 많은 악랄한 범죄들이 저질러졌으며 지금도 마찬가지
다. 그래서 나는 교회를 일부 동기는 선하지만 대부분의 동
기는 악한 사회적 조직으로 간주한다." 그는 "하나님의 이
미지로 창조된 인간이라는 개념을 궁극적인 교만의 하나"
로 간주했다. 사후세계와 관련해서, 그는 "동정녀 출산과 부
활은 미신이다. 사후세계에서 받는 보상(그 누구도 원대복귀해

서 보고할 수는 없는)과 결합된 절대적 믿음의 교리는 '신도'의 마음을 지배하기 위한 냉소적인 메카니즘이다." 그는 종교가 현실을 명료화하기보다는 현실로부터 철수한다고 느꼈다.

그 다음 몇 해 동안 종교에 대한 버드의 원망은 더욱 커져갔다. 그는 성장하면서 배웠던 기독교 윤리가 "전쟁과 불평등을 묵인하거나 조장하고 엘리트주의 위에 군림하는" 방식에 분개하면서 자녀들의 미래와 징집의 가능성에 대해서 걱정했다. 그는 그랜트 스터디에서 사람들이 어떻게 "현실 세계와 기독교 윤리 사이의 갈등을 해결하는지"를 질문할 것을 제안했고 다음 질문도 제시했다. "기존의 교회들이 우리가 다른 사람들과 더 좋은 관계를 맺도록 하는데 효과적이라고 생각하는가?" 그 자신의 질문에 스스로 답하면서, 그는 파괴적인 태도에 대한 관용 때문에 교회가 소용이 없다고 말했다. 요약하자면, 훌륭한 자연주의자로서 그의 아내가 가진 사회과학적 신념이 그의 믿음을 압도해버렸다. 그는 혼자가 아니었다.

버드는 환경의 문제가 "이기적인 권력과 돈"에 의해 야기된다고 믿었다. 자녀들에게 종교적인 교육을 제공하는 것은 여전히 "중간 정도로 중요하다"고 생각했지만 하나님에 대한 믿음과 조직화된 종교, 종교적 질문들은 모두 '약간 혹은 전혀 중요하지 않았다'. 그리고 그는 유니테리언 교회에 가끔 출석한다고 보고했다. 역경을 극복하는 데 도움을 주는 인생철학은 자연과 인간 행동에 예측가능성이 존재한다는 생각이었다.

그 다음 몇 년 동안은 그에게 험난한 시기였다. 버드는 그의 결정에 대해서 덜 확신하게 되었고 주기적으로 우울해졌으며 숙면을 취할 수 없게 되었다. 자연보호협회의 운영위원회와 심각한 견해 차이를 보였다. 후에 그는 54－57세 동안이 일생 중 가장 불행한 시기였을 뿐만 아니라 "끔찍했던" 시기라고 평가했다. 그는 당시에 동료들이 승인을 거부하는 바람에 자신의 중요한 연구 프로젝트가 중단되어 버렸다고 언급했다. 그는 마땅히 해야 한다고 생각했던 일을 하고자 고집했지만 자신에게 "적대적인" 공동체 안에 있다고 느꼈다.

57세 때 버드는 메인주에 있는 한 대학교에서 환경과학을 가르치는 새로운 일을 찾았고 알래스카에서 조류 연구와 해양학 연구를 다시 진행하기 시작했다. 그의 새로운 직장은 그의 안녕감을 복구시켰다. 자연과 사람에 대한 그의 사랑은 종교에 대한 과거의 관심을 송두리째 뒷전으로 밀어내 버렸다. 그는 학생들의 삶에 커다란 관심을 갖게 되었다. 그는 학생들과 함께 탐사 여행을 하면서 휴가를 보냈고 매일 학생들 몇 명이 그의 집에 들르는 것이 일상이 되었다.

버드는 70대까지 계속 가르쳤으며 특히 66세까지는 교육시
간을 조금도 줄이지 않았다. 그는 몇몇 "뛰어난 생물학자
들"이 자신의 영향 덕분에 생물학을 전공하게 되었다고 스
스럼없이 얘기할 수 있게 되었으며 일을 하면서 행복해 했
다. 이것이 그가 사후세계에 대한 신념에 가장 가까이 갔
던 모습이었다.

버드의 불가지론적 믿음은 남은 일생 동안에도 한결 같
았다. 그는 더 이상 교회에 출석하지 않았다. 그에 따르면,
그저 "교회는 사회적인 것"으로 출발했던 것뿐이고 자신의
생각은 철학적으로 달랐다. 65세 때 그는 사후세계를 믿지
않는다고 적었다. 왜냐하면 그런 개념들이 "'상당히 절망스
러운 삶'을 사는 사람들의 노동을 통해 이득을 볼 수 있는
사람들의 정치적 이득과, 특히 경제적 이득을 위해서 영속
화되기 때문이다." 어떤 식으로든 그에게 유일하게 중요한
종교적 측면은 자녀들에게 꼭 종교적일 필요는 없지만 일
련의 신념을 교육하는 것이었다. 러브 판사처럼 버드 교수
는 81세 때 사망했고 인간과 환경을 위해서 헌신적이고 생
산적인 서비스를 하는 데 그의 생애를 바쳤다. 두 사람 모두
그들이 세상에 영향을 미쳤던 삶들을 통해서 영생을 얻었다.

10장

알코올중독은 우리의 전망 능력을 불구로 만든다

하루하루 살게 하시고

한 순간 한 순간 누리게 하오시며

고난을 평화에 이르는 길로 받아들이게 하시고,

죄로 물든 세상을 내 마음대로가 아니라

그처럼, 있는 그대로 받아들이게 하소서.

내가 그의 뜻에 순복하면

그가 모든 것을 바로 세우실 것임을 신뢰하게 하소서.

그리하여 내가 이번 생에서 합당한 행복을

그리고 다음 생에서 그와 더불어 영원토록 지극한 행복을 누리게

하소서.

아멘.

라인홀트 니부어(Reinhold Niebuhr)[48]

---

[48] 미국의 문명비평가이자 신학 지도자.

알코올중독은 엄청난 손상을 가져오는 질환이다. 알코올중독자의 '술병'에 대한 애착이 사랑했던 사람들에 대한 애착을 갈아치운다. 알코올중독은 피폐한 삶으로 이끌 뿐만 아니라 종교생활과 우주에 대한 신뢰를 파괴시킨다. 적당량을 넘어서는 알코올은 뇌에도 독이 된다. 장기적으로 매일 4잔 이상을 마시게 되면 대뇌피질 회(cortical gyri)[49]를 위축시키고 변연계와 소뇌, 소뇌피질, 시상하부, 전두엽을 손상시킬 수 있다.[1] 이러한 손상은 우리의 판단과 도덕적 잣대, 그리고 우리의 목적에 중요한 전망을 저해한다. 예컨대, 널리 활용되는 성격검사인 다면적 인성검사(MMPI)는 알코올중독자가 '정신병질적 성향'과 '우울'에서 높은 점수를 받는다는 것을 보여준다.[2] 하지만 좋은 소식은 4년간 단주(斷酒)를 할 경우, 대뇌피질 위축과 다면적 인성검사(MMPI) 상의 정신병질적 성향과 우울성향 둘 다 경감된다는 것이다.[3]

그랜트 스터디 참여자들도 알코올중독의 파괴적 영향력에 대한 면역을 갖고 있지는 않았다. 알코올중독은 그들과 그들이 가지고 있었을지도 모르는 믿음을 끝끝내 파괴했다. 그러나 많은 그랜트 스터디 참여자들이 익명의 알코올중독자 모임(Alcohol Anonymous: 이하 AA)에서 사랑을 발

---

49 대뇌피질의 주름에 의해서 만들어지는 대뇌반구 표면의 사행상(蛇行狀)의 융기.

견하고 단주함으로써 믿음을 되찾을 수 있었다.

아래는 대조적인 삶을 살았던 두 참여자의 사례다. 한 참여자는 말 그대로 죽을 때까지 술을 마셨다. 다른 참여자는 처음에는 끝장난 것처럼 보였지만 AA를 통해서 회복되었다.

잭 다니엘스(Jack Daniels)는 지역의 장로교 교회에서 적극적으로 활동하는 아주 단란한 가족 안에서 성장했다. 그의 어머니는 주일학교 교사였으며 그의 아버지 역시 주일학교 교사이자 장로였다. 다니엘스는 정기적으로 주일학교에 다녔다. 20세 때 인터뷰에 참여했을 때, 그는 주일학교에서 늘 좋은 시간을 가졌었는데 주로 친구들이 있었기 때문으로 기억한다고 말했다.

그는 12, 13세경에 교인이 되었다. 과거를 회상하면서 그는 왜 그렇게 했는지 잘 모르겠지만 아마도 "주변 사람들을 따라 휩쓸렸던 것 같다"고 말했다. 대체로 그는 자신의 종교를 받아들였고 사실 딱히 의문을 품어본 적이 없었다. 그는 단지 좋은 설교를 듣기 위해 교회에 나갔으며 교회가 그에게 정서적인 "고양감"을 제공하기 때문에 나갔던 것은 아니었다. 그는 "모든 삶을 관장하시는 천국의 하나님"을 믿지 않았다. 그는 예수가 하나님의 아들인지 아닌지를 알지 못했지만, 이러한 문제가 자신의 종교적 믿음을 결정하는 것과는 관계없다고 생각했다. 그는 보이지 않는 어떤 힘이나 정신이 있다고 믿었으며 교회에서는 그저 형식적으로만 기도를 했다. 그러나 특별한 문제에 직면하지 않는 한 혼자 있을 때에는 기도하지 않았다.

다니엘스는 국가장학금을 받고 하버드 대학교에 몇 년간 다녔으나 1943년에 성적불량으로 퇴학을 당했다. 전쟁 중에 군대에 복무해야 하는 상황에 직면했을 때 그는 전쟁에 참여하기보다는 차라리 감옥에 가겠다고 말했다. 그는 전쟁이 애들같이 유치한 것이라고 생각했다. 하지만 그는 결국 전투를 하지 않는 해군 화물보급대의 일원이 되었으며 일반 병사 이상의 계급으로는 진급하지 못했다. 그는 교회에 거의 나가지 않게 되었다.

전쟁 후에 다니엘스는 예술가와 결혼했다. 아내의 격려에 힘입어 국가장학금을 다시 받고 새롭게 학업을 시작하기 위해서 일 년 동안 하버드 대학교로 돌아갔다. 그는 '가끔씩' 장로교 교회에 출석했다. 그러나 곧 이어 그의 아내는 본 연구진을 찾아와서 남편의 정신건강에 대한 걱정을 털어놓았다. 의사는 "잭이 발병 직전의 상태에 있는 것처럼 보인다."고 기록했다. 다니엘스 자신도 하루 일과를 계획할 수가 없고 시간을 관리할 수 없는 것처럼 보인다고 말했다. 연구진은 그가 그의 아버지처럼 조울증을 겪는 것으로 잠정적인 진단을 내렸다. 이제 와서 되돌아보니, 아마도 그는 알코올중독 초기 단계 때문에도 어려움을 겪고 있었던 것 같다.

31세의 다니엘스는 여전히 공식 학위는 없었지만 도시계획가로 근무했다. 하지만 그의 음주량이 점차 증가했다. 47세 때 그는 음주상태에서 아들의 자전거를 타다가 사고를 냈다. 그는 어깨 수술을 받았으며 임시로 나사못을 박았다. 그 후에도 그는 계속해서 심하게 술을 마셨으며 도시계획 자문을 하는 프리랜서로 일했다. 48세 때 그는 더 이상 음주를 조절할 수 없게 되었다. 다니엘스가 55세였을 때 그의 아버지가 사망했다. 2년 후에 그의 아내는 자신의 삶을 되찾기 위해서는 그와 거리를 유지할 필요가 있다고 "선언했다." 아마도 그녀는 그의 알코올중독과 때때로 발생하는 조증 행동으로부터 도망치는 것이 필요했을 것이다. 그녀는 집 근처의 길 아래쪽 아파트에 입주했으며 주말에는 계속해서 그를 방문했다. 이듬해에 그들의 이혼이 최종적으로 확정되었다.

30대와 40대에 다니엘스는 "저명한 목사들이 초청되었을 때" 가끔 하버드 대학교 채플에 참석했다. "이것은 '종교적인' 느낌보다도 그런 사람들이 던지는 지적인 도전 때문이었다." 자전거 사고 이후에 적어도 일주일에 한 번 유니테리언 교회에 출석하기 시작했다. 그 당시 그는 하나님에 대한 개인적 믿음이 '중간 정도로 중요하다'고 느꼈다. 또 그는 조직화된 종교적 제도가 '매우 중요하다'고 생각했다. 하지만 그 답 옆에 "조직화된 종교는 활동과 우정의 중심으로서 교회가 갖는 의미만큼 중요하지는 않음"이라고 적었다. 그는 자녀들에게 종교적 훈련을 제공하는 것이 '중간 정도로 중요하다'고 여겼으며 "사후세계가 있습니까?"와 같은 종교적 질문은 '거의 혹은 전혀 중요하지 않다'고 보았다.

우울과 심한 음주에도 불구하고 다니엘스는 교회 성가대 사역에는 꾸준히 정기적으로 참여했다. 그는 교회에 종교적 활동이 아니라 사회적 활동을 위해 참여하고 있었고 교회신문의 부편집장으로 봉사했다. 하지만 그는 매우 충실했다. 그는 혼자서 살았으며 반려견을 한 마리 길렀다. 그는 거주지를 얻는 대가로 하반신마비 환자를 돌보는 일을 했다. 그랜트 스터디의 연구진이 그의 또 다른 대리 가족이 되었는데 그들은 그를 미성숙하지만 매력적이라고 보았다.

그러나 계속해서 알코올이 다니엘스의 삶을 지배하면서 사회적 활동으로서의 교회활동마저도 서서히 떨어져 나갔다. 64세에 그는 성가대에서 퇴출당했고 주일학교 교사 자리도 잃게 되었다. 이듬해에 연구진이 인터뷰했을 때, 그는 자신의 스테이션 왜건 뒤칸에서 반려견과 살고 있었다.

그는 여전히 격주로 교회에 참석했지만 과거보다는 덜 헌신적이라고 인정했다. 여전히 그는 음악 때문에 교회를 즐거워했지만 '신학'을 받아들이지는 않았다. 다니엘스는 "사후세계는 상관이 없다…… 그러나 나는 어떤 식으로든 우리 각자의 영향력은 우리가 접했던 것들을 통해서 지속된다고 믿는다."라고 생각했다. 바로 러브 판사와 버드 교수의 실제 삶은 다니엘스의 이처럼 실현되기 어려운 주장이 옳다는 것을 보여준다.

66세에 다니엘스는 음주운전으로 체포되었으며, 재범이었기 때문에 감옥에서 2개월을 보냈다. 69세에 다니엘스는 공동체에 다시 적극적으로 임하게 되었다고 보고했다. 그는 지역 대학에서 지리학과 사진학 강좌를 수강했다. 그는 지역 합창대와 함께 여행을 가서 술에 취했을 때 밤늦게 자주 그랜드 스터디 연구진에게 전화를 걸었다. 그는 빠듯한 가계수입에 맞추기 위해 라이프 스타일을 조절하는 법을 배웠다.

60대와 70대의 그에게 하나님에 대한 개인적 믿음은 '거의 혹은 전혀 중요하지 않았다'. 조직화된 종교는 '중간 정도로 중요했고' 사후세계와 같은 종교적 질문과 자녀들의 종교적 훈련은 '전혀 중요하지 않았다'. 하지만, 교회에서의 사회적 활동은 그에게 '매우 중요했다'. 그는 지역의 유니테

리언 교회 운영위원회, 교회와 연관된 사회운동, 철학적/휴
머니스트적 관심에 "지속적인 충성"을 유지했다. 교회 밖의
예배와 기도, 영적 독서, 종교적 활동은 그에게 '전혀 중요
하지 않았다.' 그는 사후세계를 믿지 않았다. 그는 "내 생각
에 삶이라는 현실 자체가 거의 믿기 어려울 정도다. 그리고
나는 삶을 정말로 충분히 즐겼기 때문에 '사후세계'는 완전
헛소리일 뿐만 아니라 그런 생각을 하느라 시간을 허비할
만한 가치가 조금이라도 있는지 모르겠다."고 이유를 설명
했다.

75세 때 다니엘스의 종교적 믿음은 더 희미해졌다. "'확
장된 가족'과 공동체 같은 느낌을 얻기 위해서 유니테리언
유니버설리스트(Unitarian Universalist)[50] 단체의 다양한 활동
에 성심성의껏 참여하고 있기는 하지만, 내가 완전히 인식
하지는 못하는 어떤 이유들 때문에 내게는 종교와 믿음, 하
나님, 사후세계의 필요성이 더 사라진 것 같다. 아마도 이것
은 나 자신과 나의 상황, 활동에 대해서 느끼는 편안함과 안
도감 때문일 것이다." 그의 고집스러운 쾌활함은 지속적인
알코올중독과 암으로 인한 한쪽 팔 절단, 잠정적인 조울증
진단에도 불구하고 유지되었다.

---

50 일신론(一神論)을 주장하며, 인류가 종국적으로는 모두 구원되며 개인으
   로 한정되지는 않는다는 보편구제설 교리를 따르는 사람들.

후에 그는 연구진에게 "나는 하나님 뭐 이런 것을 좋아하지 않는다. 나는 해외에서 벌어지는 나쁜 일의 상당 부분이 종교적 근본주의자의 과도함에서 비롯된다고 생각한다. 나는 우주에 있는 근본적인 질서, 즉 '대자연'을 믿는다."라고 적어 보냈다. 그는 개인적인 영적 활동에 '거의 혹은 전혀' 참여하지 않았다. 그는 삶에서 더 높은 힘의 존재를 경험하는 것, 삶에 대한 접근에서 영적인 믿음을 갖는 것, 혹은 그의 영적인 믿음을 삶의 다른 부분에서도 실천하려고 노력하는 것에 대해서 '명백히 사실이 아니다'라고 표시했다. 그는 "종교가 내 삶과는 무관하다."라고 적었다.

85세 때 그는 "사후세계에 대한 믿음이 나이가 들면서 증가합니다. 당신은 사후세계에 대해서 믿습니까?"라는 본 연구의 질문에 '아니오'라고 답했다. 그리고 '나이가 들면서 증가한다'는 부분에 화살표를 그려 넣고서 "설마, 농담이겠죠! 내 경우에는 완전히 반대였는데…… 나의 짧은 견해로는 사후세계 같은 건 없어요…… 우리는 우리의 선행이 우리 뒤에도 살아남는다는 점에서만 영원불멸하다고요. 내 세계관에서 '하나님', '천국과 지옥' 그리고 '영생'은 무의미해지고 있어요. 하지만 내가 대자연을 확고하게 믿는다는 점을 주목해 주세요."라고 적어 놓았다.

3년 후, 다니엘스는 늘 뉴욕타임즈 십자말풀이를 하러

다녔던 식당에서 발을 헛딛으면서 낙상해서 치명적인 뇌손
상을 입었다. 그의 만취한 뇌는 어려운 퍼즐을 풀기 위한 목
적으로 단어들을 인출하기 위해 과거에 학습했던 것을 거
슬러 탐색하는 것은 가능했지만 사후세계를 전망하고 희망
하기 위해서 미래를 내다볼 수는 없었다.

명망 있는 국가장학금을 받고 하버드 대학교에 입학했
던 잭 다니엘스처럼, 윌리암 윌슨(William Wilson) 박사도 위
대한 일을 할 운명이었다. 하지만 최종 결과는 그의 잠재력
에는 다소 못 미치는 수준이었다. 그러나 AA 덕분에 그의
알코올중독은 다니엘스보다 더 행복한 결말을 맞이했다.

빌 윌슨은 천주교를 신봉하는 집안에서 성장했으며 종
교를 매우 진지하게 받아들였다. 고등학교 때부터 그는 경
제적으로 성공하고 싶어 했으며 그 목적을 달성할 수 있는
수단으로 의학을 선택했다. 그는 자신보다 부유한 급우들과
함께 다닌 스카스데일(Scarsdale) 고등학교 재학 시절에 어머
니가 생활비를 벌기 위해서 마룻바닥을 청소하고 있는 것
을 친구들과 함께 목격했었다. 여러 면에서 그는 이 때 느낀
창피함을 보상하려고 노력하는 인상을 주었다. 윌슨의 아버
지는 너무 아파서 일을 할 수가 없었다. 아동기와 청소년기
에 그의 아버지는 두 차례 심한 우울증을 겪었는데, 이것은
윌슨 박사가 평생 "외톨이"가 되는데 부분적으로 영향을 주

었다.

그럼에도 불구하고, 윌슨은 고등학교에서 탁월한 역량을 발휘했으며 교장은 그를 "훌륭한 모범생"이라고 불렀다. 잭 다니엘스처럼 그는 국가장학금을 받고 하버드 대학교에 입학했으며 생화학을 전공했다. 대학 시절 그는 미사에 정기적으로 참석했으며 사후세계와 혼전 순결에 관한 정통 천주교의 가르침을 학업적 성공만큼이나 진지하게 받아들였다.

윌슨 박사는 하버드 대학교를 '파이 베타 카파'[51]로 졸업했고 존스 홉킨스 의대에 입학했으며 수석으로 그 과정을 마쳤다. 의대를 졸업한 후에 그는 부유한 집안 출신인 아내와 결혼했다. 그 집안은 윌슨이 천주교였기 때문에 결혼을 반대했다. 그래도 그는 언제나 성공의 기회를 잡으면서 어느 정도 화려한 경력을 즐겼다. 38세 때 그는 존스 홉킨스 의과대학의 부학장이 되었다. 소아청소년의학과 교수이자 전임연구원이었다. 이 시점에서만 본다면, 윌슨 박사의 삶을 그랜트 스터디의 다른 성공한 참여자들과 구분할 이유는 없어 보인다. 행복한 결혼생활을 하면서 그는 사랑이나 하나님을 마음에 담는 데 어려움이 없어 보였다. 그와 아내는 그들의 두 믿음의 전통을 서로 융합했다. 그들은 보스

---

51 미국 대학의 우등생들로 구성된 친목 단체.

턴에 있는 앵글로-가톨릭(Anglo-Catholic) 교회에 다녔다.

하지만 이 시기에 윌슨 박사가 약물을 자가 처방하기 시작했다. 그는 알코올 함량이 높은 코데인(codeine)[52]과 함께 포수 테르핀(Terpin-hydrate)[53]을 자신의 특효약으로 선택했다. 그는 매우 빠르게 중독되었고 연구원 자리를 잃었다. 그가 처음에 AA를 접하게 된 것은 절망 속에서 이미 '알코올중독자 구제모임(Al-Anon)'[54]에 가입했던 아내를 통해서였다. 처음 3개월 동안은 AA가 해결책이 되는 것같이 보였다. 하지만 그가 44세 때 그의 재발 때문에 우울해진 아내가 성탄절 날 그가 성탄절을 완전히 망쳐버리지 못하게 그를 집 밖으로 내쫓아버렸다. 여러 번의 재발 때문에 윌슨은 사립과 주립 정신병원을 들락날락 했으며 47세 때는 주립 교도소 병원에 입원했다.

AA는 더 이상 그의 삶의 일부가 되지 못했다. 그 대신 윌슨 박사는 그 이후 10년을 스스로 부과한 유배지에서 보냈다. 그는 남태평양에 있는 정부 수비대에서 계약직 의사로 일했다. 보통은 멀리 떨어진 섬에서 일했으며 그 곳에는 천주교 미사도 그리고 AA도 없었다. 그는 다른 AA 멤버들

---

52 아편 추출물에서 발견되는 천연 식물 알칼로이드의 일종.
53 거담제.
54 알코올중독자의 가족이나 친구들을 위해 프로그램을 제공하는 세계적인 단체.

에게 편지를 쓰는 일을 했는데 이것은 AA의 '외톨이'를 돕는 프로그램의 일환이었다. 그는 이 시기에 2천통의 편지를 집으로 써서 보내기도 했다. 이따금씩 그는 그랜트 스터디의 질문지에 응답했다. 하지만 여전히 그는 길 잃은 영혼이었고 '예고된' 실수를 반복적으로 저질렀다. 그는 사후세계에 대한 관심을 잃어버렸고 십년 동안 자신의 질환을 자녀들 탓으로 돌리면서 그들을 무자비하게 책망하고 원망했다.

61세 때 윌슨은 마침내 보스턴에 있는 집으로 돌아왔다. 남태평양으로부터 보스턴 집으로 돌아오는 길에 "호놀룰루에 있는 호텔 방에 혼자 있을 때" 그는 신비체험을 했다. 그는 갑자기 지난 20년간 가족에게 가지고 있었던 모든 원망이 사실은 자신의 방어였다는 사실을 깨달았다. 그는 내게 자신이 하와이에서 잠시 머무는 동안 그러한 깨달음을 얻었다고 말했다. "AA에서 말하는 것처럼, 내 아이들을 향한 이 모든 원망은 나한테 나쁜 것이겠죠. 나는 AA에서 멀쩡한 정신으로 지내기 위해 빌어먹을 자존심도 굽히고 이해하려는 노력도 기울일 거예요." 그가 자녀들을 용서하고 그들에게 연락하기로 마음먹은 것은 바로 이 때였다. "나는 AA에 갈 겁니다. 가서 '나는 빌입니다. 나는 알코올중독자입니다.'라고 말할 거예요. 나는 지난 12년간 아이들하고 아무 것도 한 것이 없어요. 난 그것이 너무나 싫어요."

그 후 얼마 지나지 않아서 그는 20여 년 전부터 폭음이 시작된 이래로 처음으로 멀쩡한 정신 상태에서 그랜트 스터디에 복귀하였다. 본 연구의 기록에는 그가 수년간 '연락두절 상태'로 분류되어 있었다. 인터뷰 동안 그는 일반 의사로서 남태평양의 고립된 한 수비대에서 또 다른 수비대로 이동하면서 지금까지 어떻게 지냈는지 설명했다.

후에 윌슨 박사가 내게 말하길, 자신은 아버지의 죽음에 대해서 아내와 얘기할 수 없었다고 했다. "나는 외톨이예요. 의사는 신격화된 자아상을 갖고 있어야 하죠. 의사는 누구보다도 훨씬 나아야만 해요." 그는 과거를 회상하면서 "나는 외톨이로 자랐다."고 시인하였다(그랜트 스터디 참여자들 중에서 윌슨 박사만 아버지의 만성 질환에 의해서 삶에 대한 기본적 신뢰가 망가졌던 것은 아니다.) 윌슨 박사가 신비체험을 하게 된 것은 부분적으로는 그 날이 그의 35번째 결혼기념일이었기 때문이기도 했다. 집으로 돌아가자마자 그는 아내와 함께 이혼서류를 태워버렸다. 하지만 윌슨 박사는 결혼생활로 재진입하는 마지막 몇 달 동안 어려움이 많았다고 내게 말했다. 10년 동안 그는 오로지 자기만 생각했었다. 하지만 그 때부터 그는 다른 사람들의 욕구도 생각해야만 했다. 그는 "지난 3개월간 내가 아내를 위해서 한 것이 그 이전 20년 동안 했던 것보다도 더 많다."고 시인했다. 또 그는 내게 남태평양에서 고립된 채로 보냈던 10년 동안 그에게 일어났던, 삶을 변화시킨 중요한 사건들 중 하나를 얘기했다. 바로 이 야심차고 원망 많으며 사회적으로 성공하기 위해서 고군분투해온 젊은이가 "가난하지만 진정으로 행복한 사람들을 보았다."는 것이다.

나는 AA에 참석했던 근황에 대해서 물었다. "그것은 엄청 힘들었어요. 나는 그 누구와도 가깝게 지낼 수 없었어요." AA에서 스폰서55를 찾을 수가 없어서 최근까지도 그는 AA에 드문드문 출석했다. 40세에서 50세까지 아마도 1년에 20번 정도, 그리고 50세부터 60세까지는 1년에 10번 정도 AA에 나갔다. 그 동안에도 그는 계속해서 알코올을 남용했다.

윌슨 박사는 신비체험을 한 이후로 몇 달 동안 단주 상태를 유지하고 있다고 말했다. 그는 인터뷰가 있던 아침에도 미사에 참석했었고 일주일에 적어도 2번은 AA에 나가려 노력하고 있다고 말했다. 그는 지난해가 되어서야 단순히 "AA와 관련해서 관찰자 역할을 하는 것을 포기하고 참여자가 되기 시작했다"고 고백했다. 하지만 여전히 그에게는 스폰서가 없었다. "이 모든 수치심과 죄의식이 내 발목을 잡

---

55 AA에서 적어도 1년 이상 단주를 한 알코올중독 경험자로서 신입회원의 재활을 도움.

는다." 이제 아내 및 천주교 교회와 재결합한 후에 마침내 그는 단주 프로그램을 받아들이게 되었다고 주장했다.

67세가 되자 윌슨 박사는 본 연구의 질문지에서 하나님과 사후세계에 대한 믿음이 둘 다 '높다'고 보고했다. 73세에 응답한 질문지에서도 그는 여전히 사후세계를 믿고 있었다. 20년간 단주하고서 울혈 폐쇄성 폐질환으로 죽음을 맞이하기 2년 전인 81세 때 그는 지난 3년간 아내를 돌보면서 지냈다고 전화상으로 말했다. 그의 아내는 불치병처럼 보이는 그의 알코올중독을 치료하기 위해서 너무나 많은 세월을 헛되이 보내야 했었다. 그 자신의 가쁜 호흡 때문에 아내를 돌보는 것은 정말 진이 빠지는 일이었다. 나는 윌슨 박사에게 그러한 힘이 어디에서 나오는 것인지 물어보았다. "비웃지 않으면 좋겠군요. 나는 기도를 통해서 힘을 얻어요."

2년 후에 세상을 떠날 때에도 윌슨 박사는 여전히 단주 상태였다. 아무쪼록 그가 니부어의 평온을 비는 기도에서 기원하는 것처럼 잠들었기를 바란다. "이번 생에서 합당한 행복을, 그리고 다음 생에서 그와 더불어 영원토록 지극한 행복을 누리게 하소서." 다행히 단주와 더불어 하나님에 대한 믿음도 회복되었다.

11장

영성을 위한 우리의 능력은 진화하는가?

"나는 생명을 위한 일종의 진보와 방향을 볼 수 있다고 믿는다……
만약 순환적인 발달에 대한 나의 가설이 옳다면, 말과 수사슴 그
리고 호랑이는 마치 곤충처럼 주요 기능이 민첩한 달리기 혹은
사냥의 도구에 속박되어버렸다…… 반면에, 영장류의 경우에는
진화가 나머지 다른 부분은 내버려둔 채로 뇌에 직접적으로 작용
하였다. 그 결과, 뇌는 변화를 위한 뛰어난 잠재력을 갖게 되었다."
테야르 드 샤르댕(1959), 『인간현상(Phenomenon of Man)』, 142-160

　　반세기 전에 프랑스의 뛰어난 고생물학자인 테야르 드
샤르댕(Teilhard de Chardin)은 인간의 뇌가 진화하고 있을 수
있다고 강력하게 제안했다.1) 십년 전에 나는 『영성의 진화』
라는 책을 출간했다.2) 그 책에서 나는 사랑을 할 수 있게
하는 생물학적 진화가 지난 2억년에 걸쳐서 포유동물의 변

연계에서 만들어낸 진보와 지난 10만년에 걸쳐서 영장류의 전두엽에서 만들어낸 진보에 대해 놀라움을 표현했다. 또 나는 사랑을 할 수 있게 하는 문화적 진화가 지난 2백년간 만들어낸 진보는 놀라운 것이라고 말했다. 만약 1816년이었다면, 오로지 낙천주의 몽상가만 노예제도의 폐지 혹은 국제 노벨평화상의 탄생을 눈앞에 두고 있다는 사실을 믿었을 것이다.

이렇게 우리의 영성을 위한 능력과 마음속에 천국을 담는 능력이 증가하고 있다는 점은 유명한 고생물학자이면서 예수회 수사이기도 한 테야르 드 샤르댕의 사상 속에서도 발견할 수 있다. 그는 오늘날 우리의 뇌가 여전히 변화에 대한 잠재력을 가지고 있다고 지적했다. 이 장에서 나는 그 증거를 채집하고자 한다. 아주 최근에 패러다임을 전환시키는 2권의 책이 다윈주의 뇌 진화에 대한 우리의 믿음을 변화시켰다. 그 중 한권은 예이든(Yaden)과 동료들이 쓴『부르심받기(Being Called)』이고 다른 한권은 셀리그만과 동료들이 쓴『호모 프로스펙투스(Homo Prospectus)』다. 두 책 모두 우수한 신경심리학자가 공저자로 참여했다. 두 책 모두 우리가 마음속에 천국을 담는 것이 과거 시제의 낡은 종교적 밈(meme)이 아니라 우리의 미래에 대한 잘 정립된 비전이라고 보는 이론과 양립할 수 있다는 것을 보여준다. 따라서 이 책은 모든 이에게 희망의 메시지이자 전망의 메시지가 될 수 있다. 『내 마음속 천국』은 단순히 기독교 종교서의 재탕이 아니라 신경생리학 그리고 감사와 사랑이라는 긍정 감정에 관한 책이다.

　전부는 아니더라도 대부분의 그랜트 스터디 참여자들에게 사후세계에 대한 믿음은 하나님에 대한 믿음 및 유대-기독교 전통의 측면에서 정의되는 독실한 종교생활과 밀접한 관계가 있었다. 그런 사례들에서 영성과 종교는 밀접하게 연결되어 있다. 그럼에도 일부 사례에서는 깊은 영성이 종교적 믿음이나 사후세계에 대한 믿음과는 전혀 무관한 것으로 나타났다. 4장에서 살펴본 러브 판사와 브래드 히긴슨 같은 참여자들은 마음속 천국에 대해 관심을 보이지 않았다. 그러나 그들은 소수였다. 예컨대, 러브 판사만큼 영적 생활의 점수가 높았던 40명의 참여자들 중에서 과반수 이상이 종교생활에서도 매우 높은 점수를 획득했다. 영적 생활에서 낮은 점수를 받은 94명 중 오직 두 사람만이 종교생활에서 높은 점수를 받았다. 영성 점수가 높은 참여자가 영성 점수가 낮은 참여자보다 사후세계에 대한 믿음을 가지고 있을 가능성이 8배 더 높았다. 영성은 문화적이지 않고 유전적이며 임사체험과 관계가 있다는 사실을 기억하라. 임사체험은 거의 언제나 감사 및 천국에 대한 전망과 관련 있다.

어떤 면에서 영성을 정의하는 것은 셰익스피어의 천재성을 정의하는 것과 유사하다. 모든 이가 그것이 존재한다는 데는 동의하지만 그것을 정확히 포착하기 위해서 두 관찰자가 동일한 말이나 혹은 심지어 유사한 은유조차 사용하지 않을 수 있다. 페처연구소(Fetzer Institute)[56]에서 만들어 낸 것과 같은 합의 성명이 연구자들에게 도움은 되겠지만 그 문제를 해결해 줄 수는 없다. 언어가 향수의 향기, 훌륭한 와인의 '향', 강아지의 귀여움을 제대로 묘사하지 못하는 것처럼 영성과 경외감도 정확히 포착하지 못한다. 유명 대학의 총장이 될 예정이었던 한 우수한 여성은 유명한 1등급 보르도 와인을 상표가 가려진 상태에서 블라인드 와인 테스팅으로 마시고는 그저 "맛있네요!"라고만 말했다. 이러한 말은 그녀가 맛본 것을 묘사하기에는 충분하지 못했다. 그리고 영성 자체는 언어를 초월하며 말로 형언할 수 없다.[3] 영성은 자기초월(self-transcendence)이라는 용어와 밀접한 연관이 있다. 휴머니즘이라는 용어만으로는 영성을 포괄적으로 설명해내지 못한다.

세인트 루이스 워싱턴 대학의 유전학자이자 정신건강의학과 의사인 로버트 클로닝거는 '자기초월'을 성격의 핵

---

56 개인과 공동체가 사랑과 용서의 힘을 자각하고 양성하는 것을 미션으로 삼고 있음.

심 차원으로 규명하기 위한 질문지를 개발했다.4) 그리고 그 과정에서 영성을 측정하기 위한 평가도구를 만들었다. 클로닝거의 자기초월척도는 다음의 7가지 특징을 기술하는 문항들로 구성되어 있다.

1. 나는 모든 생명이 의존하고 있는 영적인 힘의 한 부분이라고 자주 느낀다.

2. 때때로 나는 자연과 매우 잘 연결되어 있다고 느껴서 모든 것들이 하나의 살아있는 유기체의 일부인 것처럼 보인다.

3. 때때로 나는 시공간에서 한계나 경계가 없는 무엇인가의 일부인 것처럼 느낀다.

4. 때때로 나는 말로 표현할 수 없지만 다른 사람들과 영적으로 연결되어 있다고 느낀다.

5. 때때로 나는 인간보다 더 거대한 영적인 힘이 내 삶을 이끌고 있다고 느낀다.

6. 개인적으로 나는 신성하고 경이로운 영적인 힘과 접촉하는 느낌을 받는 경험을 한 적이 있다.

7. 나는 불현듯 세상 모든 것들과 하나가 되는 심오하고도 명료한 느낌 속에서 엄청난 환희의 순간을 경험한 적이 있다.

클로닝거의 척도는 신경생물학적 연구에서 영성을 수

량화하기 위해서 사용되었을 뿐만 아니라,5) 십자가의 요한
(John of the Cross)과 아빌라의 성 테레사(St. Theresa of Avila)
같은 신비주의자들에 의해서 묘사된 긍정 감정 및 내적인
깨달음과도 관계가 있다. 본 연구에서의 크로스 교수와 머
튼 박사처럼 천국의 존재에 대한 믿음을 가진 사례들도 클
로닝거의 자기초월척도의 내용에 대해 동의했을 것이다. 그
리고 자기초월의 7가지 특징은 마음속에 천국을 지니고 있
고 전망을 가장 잘 하는 사람들이 품고 있는 천국의 개념과
도 잘 부합되는 것으로 보인다. 내가 새롭게 제안하고자 하
는 것은 클로닝거의 자기초월과 관계된 우리의 능력이 진
화하고 있을 것이며, 그 능력이 생존을 위한 인간의 능력을
증진시킨다는 점, 그리고 우리가 우주 속에서 홀로 있지 않
다는 것에 대한 감사를 분명히 반영한다는 점이다.

　놀랍게도, 이 '영적인' 진술들에 대해 긍정적인 대답을
하는 것은 종교의 교파와는 단지 약간의 상관만 있었다. 이
미 살펴봤듯이, 출생 시부터 분리된 채 양육된 일란성 쌍생
아를 대상으로 한 연구는 자기초월 점수가 부분적으로 유
전의 영향을 받는다는 점을 시사한다.6) 보통 4명 중 1명 정
도가 이 7가지 질문 모두에 '그렇다'라고 대답하겠지만, 이
러한 결과가 나머지 75%의 사람들에게는 영성이 존재하지
않는다는 점을 의미하지는 않는다. 오직 극소수의 독자들만

클로닝거의 자기초월 문항들 모두에 '전혀 그렇지 않다'라고 대답할 것이다. 예컨대, 우리는 살면서 종교적 경험을 통해서든 아니면 자연이나 위대한 고딕 성당 혹은 교토 사찰의 정원이 주는 아름다움에 대한 놀라움을 통해서든 어느 순간엔가 심오한 경외감과 감사를 경험할 수 있을 만큼 충분히 영적이다. 달리 말하자면, 이 책의 사례들과 은유들이 기독교적이긴 하지만, 전망, 사후세계에 대한 믿음, 영성, 그리고 감사는 하버드 대학교를 다녔던 백인 앵글로색슨계의 기독교인뿐만 아니라, 전체 호모 사피엔스의 자질이다. 부록 V와 1장에 제시된 것처럼, 천국에 대한 믿음이 성공적인 노화와 연관되어있다는 증거는 진화에서 영성이 담당하는 역할에 관한 시사점을 준다. 사실상 감사와 경외감의 감정은 거의 동의어나 마찬가지다. 따라서 우리의 감사는 영성에 대한 측정치가 되기도 한다. 18세기 기독교 전도자인 존 웨슬리(John Wesley)는 "진실된 종교는…… 두 단어이다. 감사와 박애……"7)라고 적었다. 규율을 엄격하게 지키는 유대인은 하루 동안 100개의 축복을 암송한다. 감사는 종교의 기본적인 원동력인 경외감과 의무감을 우리 자신보다 훨씬 큰 무엇인가의 일부가 되는 느낌과 결합시킨다. 감사의 윤리는 우리의 초월경험이 현재에서 미래로 향하게 한다. 감사는 천국을 우리 마음속에 확고하게 자리 잡게 한다. 심지어 임마누엘 스베덴보리(Emmanuel Swedenborg)는 이웃을 사랑하고 신께 감사하는 삶을 산다면 이미 천국에 있는 것과 마찬가지라고 보았다.

로버트 에몬스(Robert Emmons)도 영성이 감사와 함께 일어난다고 믿는다.[8] 둘 중 어느 하나를 실천하면 나머지 하나를 강화하는 데 도움을 줄 수 있다. 감사할 대상이 없다면, 감사를 실천하기는 어려울 것이다. 준 사람이 없는 선물을 어떻게 알아볼 수 있겠는가?

강조해서 말하자면, 감사의 감정은 다른 모든 긍정 감정들을 위한 동력을 제공해 준다. 키케로(Cicero)는 "감사는 모든 덕목 중에서 가장 위대할 뿐만 아니라 모든 다른 덕목들의 어버이다"라는 글을 남겼다고 전해진다. 그리고 더 좋은 것은 감사가 사실상 우리의 의식적 통제하에 있는 긍정 감정에 해당된다는 점이다. 우리는 사랑할지 아니면 증오할지, 용서할지 아니면 복수할지 여부보다 감사할지 아니면 감사하지 않을지를 더 잘 통제할 수 있다. 따라서 행복을 위한 가장 단순한 처방이 3천 년 전의 '시편'[57]을 통해서든 아니면 21세기의 행복워크숍에서 '감사편지'[9]를 쓰는 것이든 의식적으로 감사의 태도를 가지는 것이라는 점은 우연이

---

[57] 성서 전체의 축소판으로서 하나님을 향한 찬양과 감사 그리고 경배의 내용을 담고 있음.

아니다.

경외감, 감사, 사랑은 모두 영성을 통해 하나가 된다. 이 세 가지 감정은 우리를 상호호혜적인 선을 향해서 동기화시킨다. 이러한 나의 핵심을 지지해 주는 것은 "감사하는 태도를 가지기. 그리고 감사하는 태도를 가지게 될 때까지 흉내내기"라는 AA의 금언이다. 그러한 슬로건이 정신분석적인 규범을 위반한다는 사실에도 불구하고, AA는 실제로 효과가 있다.[10] 실험 참가자들에게 감사일지를 계속 적으라고 하면, 그들은 더 행복하다고 느끼고 주변 사람들은 그들이 함께 하기에 훨씬 더 기분 좋은 사람이라고 말한다. 당신은 감사해하는 동시에 원한을 가질 수는 없다.

천국처럼 은총은 불로소득적이다. 사실상 우리는 우리가 마땅히 받을만한 것 이상을 받을 때 특히 감사를 느낀다. 감사를 느낀다 함은 우리가 받은 은총에 대해서 감사할 누군가가 있다는 것이고 우리가 혼자가 아니라는 것을 의미한다. 사후세계에 대한 믿음은 사랑뿐만 아니라 감사와도 긴밀하게 연계되어 있다.

감사를 통해 "많은 사람들은 스스로 작아지는 느낌이 들게 하는 동시에 편안하게 해주는, 자신보다 훨씬 큰 무엇인가와 연결되는 느낌을 경험하게 되며, 관계와 사건의 더 큰 네트워크를 관장하고 있는 신성한 창조자이자 보호자를 받아들이기 위한 자연스러운 단계를 거쳐 간다."[11] 사람들은 감사함을 느끼는 것을 통해 자신들이 신비한 기적과 같은 방식으로 서로서로 그리고 신과 연결되어 있다는 것을 깨닫게 된다. 헬렌 켈러(Helen Keller)는 "나는 나의 장애로 인해 하나님께 감사드린다. 왜냐하면 나는 장애를 통해서 나 자신과 내 일 그리고 나의 하나님을 발견했기 때문이다."[12]

신경생리학 연구는 삶을 긍정하는 영성을 향상시키는 뇌의 구조를 규명하기 시작했다. 인류의 진화이든 개인의 성숙이든 뇌기능을 향상시키는 것은 그것이 무엇이든 간에 공감과 영성을 증진시킨다. 미성숙, 뇌졸중, 중독, 피로 등 뇌를 손상시키는 것은 그것이 무엇이든 간에 영성의 반대급부인 투사와 자기애를 증가시킨다. 영성은 긍정 감정을 느낄 때 fMRI상에서 환해지는 변연계 영역과 연결되어 있다.[13] 그리고 긍정 감정이라 함은 기쁨, 믿음, 희망, 사랑, 용서, 자비, 감사, 경외감을 일컫는다. 이 감정들의 특징은 그들 중 어느 것도 단지 '나'만에 관한 것이 아니라는 점이다. 우리는 성욕, 분노, 공포, 배고픔 같은 부정적인 감정을 무인도에서도 느낄 수 있다. 하지만 긍정 감정들은 주로 관계 속에서 경험하는 것들이다. 이러한 점은 긍정 감정들과 그에 수반되는 영성이 근본적으로 친사회적이며 적응적인 것이라는 점을 시사한다. 이 책의 논지는 긍정 감정이 근원

적으로 천국을 마음속에 담는 과정과 연관되어 있다는 것
이다.

뉴버그(Newberg)와 월드맨(Waldman)은 뇌 영상기법을
통해서 티벳 승려들이 명상 중에 나타내는 뇌기능을 연구
했다.14) 그들은 뇌의 후측 상단에 위치한 두정엽 신피질(양
쪽 귀의 위쪽과 뒤쪽)의 두 부분이 명상과 관계있다는 점을 발
견했다. 이 영역은 '지남력 연합영역'으로 불리며 우리가 물
리적 경계를 추적하고 공간 안에서 우리의 위치를 파악하
는 활동을 하는 것과 관계 있다. 명상가가 '신비한 합일의
상태(무아지경)'에 도달하면 신피질에 있는 그러한 부분들의
활동이 뇌의 나머지 영역과 기능적으로 단절된다. 동시에
변연계의 시상하부와 편도체가 더 활성화 된다.15) 그리고
향도파민성(쾌락) 통로와 세레토닌성(만족감) 통로의 활동이
증가한다. 긍정 감정의 이러한 증가는 주관적으로는 영적인
체험으로 받아들여진다. 따라서 명상가는 자기가 우주 속으
로 확장되는 느낌－마치 바다처럼 자신보다 더 큰 무언가
와 하나가 되는 것－과 더불어 시편에 담긴 것과 같은 깊은
감사의 느낌을 경험하게 된다. 두 단어, 감사와 은총은 같은
뿌리로부터 진화된 것이다.

또 뉴버그와 월드맨은 무아지경 상태, 깊은 명상, 그리
고 잘 숙달된 기도상태에서 수행자들이 보고한 내용을 비

교했다.16) 집중을 한 상태 및 최면 상태와는 달리, 세 가지 경우 모두에서 전두엽은 상대적으로 활동을 적게 나타냈다. 그들의 마음 상태를 포착하기 위해서 뉴버그는 다음과 같은 보고 내용들을 기록했다. "나는 사랑의 정수로 완전히 채워졌었지만 그것을 묘사할 알맞은 말을 찾을 수가 없다." "마치 나를 둘러싼 공기가 사랑으로 채워진 것처럼 느꼈다."17) "어떤 사람의 경우에는 하나님과 자신 사이의 분리가 완전히 해소되었다. 또 다른 사람의 경우에는 절대적인 합일감을 느꼈다. 삶, 자연, 혹은 우주. 그리고 거의 모든 사람이 그런 경험을 세상 어떤 것보다 더 '진짜'라고 느낀다…… '신'과의 교감이 이루어진 것이다."18) 신이 존재하는지 여부의 의미를 두고 논란을 벌이는 것은 사랑이 존재하는지 여부를 두고 논쟁하는 것만큼이나 헛된 것이다. 분명 셰익스피어의 연극들은 창의적인 천재의 작품이다. 그것들을 옥스퍼드 백작(the Earl of Oxford)이 썼는지58 아니면 스트래트퍼드 온 에이븐(Stratford－on－Avon)59의 시인이 썼는지는 중요하지 않다.

공교롭게도 본 연구는 영적인 생활을 측정하기 위한 질문지에 클로닝거의 척도를 포함시키지 않았다. 따라서 나는

---

58 셰익스피어의 희곡을 쓴 사람이 옥스퍼드 백작이라는 설이 있음.
59 셰익스피어의 출생지이자 묘지가 있는 도시.

영적 진화에 대해서 연구 참여자들의 일화를 바탕으로 보고할 수밖에 없다. 그러나 본 연구 참여자들의 신념과 믿음의 이야기, 의심과 불신의 이야기를 통해서 저속도 사진 촬영으로 얻은 것과 같은 이미지들은 모든 참여자들이 분명히 진화했다는 것을 보여준다. 알코올중독과 자폐증이 없다면, 그들은 시간의 흐름에 따라 더 탄력적으로 되고 성숙해지며 개방적으로 되었고 대개는 사랑을 더 잘 할 줄 알게 되었다. 오직 소수만이 더 종교적으로 되었다고 하더라도, 대부분의 전망, 태도, 그리고 영성은 시간이 흐르면서 진화했다. 우리 몸의 나머지 다른 부위와는 다르게 뇌는 나이가 들수록 성숙해진다.[19)]

6장에서 보았듯이, 천국에 관한 우리의 전망에서 가장 극적인 예인 임사체험은 이례적으로 진짜처럼 보이는 강렬한 영적인 체험을 가져올 수 있다. 임사체험은 결코 잊히지 않는다. 임사체험은 이타적인 관심을 증가시킨다. 임사체험은 지속적으로 긍정적인 사후효과를 보인다. 크로스 교수가 묘사했듯이 임사체험과 연합된 감정들은 거의 언제나 경외감, 사랑, 감사 혹은 기쁨이다. 임사체험은 지속적인 친사회적 행동을 가져올 가능성이 크다. 윌리엄 제임스의 임사체험 사례들 중 한 사람은 "나는 매우 이기적이었다…… 하지만 나는 이제 모든 인류의 복지를 바란다."[20)]라고 적기도

했다. 요약하자면, 천국의 생생한 이미지는 적응적인 기능을 한다.

6장의 존 크로스와 8장의 머튼 박사의 사례를 보면, 조직화된 종교의 측면에서든 아니든 영성은 심오한 신비스러운 경험으로부터 생겨났다. 또 다른 경우에는 러브 판사의 전기에서 살펴본 것처럼, 영성은 하나님 자체보다는 다른 사람들을 사랑하고 아마도 인류 전체에 대해 더 큰 헌신을 하는 것으로부터 파생되기도 한다. 하지만 요한복음서가 "하나님은 사랑이시다."라고 주장하는 것은 바로 이러한 이중성에 대한 이해를 바탕으로 한 것이다. 그럼에도 불구하고, 단순한 휴머니즘과 천국에 대한 믿음 사이에 뚜렷한 경계는 여전히 존재한다. 반복하자면, 인생은 짧고 영생은 영원하다! 그리고 천국의 본질을 전망하는 우리의 능력은 진화적인 진보를 예고한다.

부록

부록 Ⅰ: 종교생활 평정척도

참여자들의 삶에서 이용 가능한 정보와 보고를 바탕으로 우리는 종교생활의 강도를 5점 척도 상에서 분류했다. 종교생활 평정척도에서 1점을 받은 경우는 다음과 같은 참여자를 나타낸다. (a) 45세, 65세, 70세, 그리고 80세 때 종교적 예식에 전혀 참석하지 않음; (b) 55세, 65세, 그리고 75세 때 하나님에 대한 개인적 믿음과 종교적 예식이 '중요하지 않다'고 표시함; (c) 70세 때 지난 20년간 종교적 예식에 '참여한 적이 없다'고 보고함; (d) 75세 때 자신의 전생애를 되돌아보면서 종교적 참여가 '불만족스러웠다'고 보고함.

3점을 받는 경우는 중간 사례들에 해당되었다(예, '매달 1번씩' 예배에 참석하기, 종교활동에 '약간' 참여하기, 혹은 45세에서

75세 사이에 종교활동에 참여하는 데 변화가 있는 것). 그리고 5점을 받는 경우는 다음과 같은 참여자를 나타낸다. (a) 45세, 65세, 70세, 그리고 80세 때 매주 종교적 예식에 참석함; (b) 55세, 65세, 그리고 75세 때 하나님에 대한 개인적 믿음과 종교적 예식이 '매우 중요하다'고 표시함; (c) 70세 때 지난 20년간 종교적 예식에 '자주 참여했다'고 보고함; (d) 75세 때 자신의 전생애를 되돌아보면서 종교적 참여가 '매우 만족스러웠다'고 보고함. 최종 평정을 할 때 확인을 위해 인터뷰 자료를 검토했다.

부록 II: 표본 탈락

	전체 표본(268명)
67세 전 사망	41(15%)
취소	18(7%)
질문 거부	25(9%)
참여 유지	184(69%)

부록 Ⅲ: 40세부터 80세 사이 종교생활 강도의 변화

	전체 표본(184명)
항상 참여함	60(33%)
더 참여하게 됨	18(10%)
덜 참여하게 됨	19(10%)
항상 참여하지 않음	87(47%)

부록 Ⅳ: 사후세계가 존재한다

	전체 표본(184명)
아니다	97(53%)
잘 모르겠다	57(31%)
당연하다	30(16%)

부록 V: 80세 때의 사후세계에 대한 믿음과 잘 나이 들기

사후세계가 존재한다	건강하고 행복한	슬프고 병들거나 죽은
아니다	14	47
그렇다 혹은 아마도 존재할 것이다	25	32

CHI-SQUARE = 5.8, p<.02
(이러한 수치는 위의 네 가지 조건에 포함된 인원수들 간에 통계적으로 유의미한 차이가 있다는 것을 의미함. 다시 말해서 사후세계의 존재를 믿는 사람의 숫자는 연구 참여자 중 건강하고 행복한 사람들 사이에 더 많으며 우울하거나 병들거나 죽은 사람들 사이에서 더 적게 관찰됨)

부록 VI: 58세에서 80세까지의 정신적 번영을 보여주는 10종 경기*

1. 미국 인명사전에 포함됨
2. 수입이 본 연구 참여자들의 상위 25%에 해당함
3. 심리적 스트레스가 낮음
4. 65세 이후에 일, 사랑, 여가에서 성공과 즐거움을 경험함

5. 75세 때 주관적으로 양호한 건강 상태를 누림(즉, 75세 때 신체적으로 활동적임)

6. 80세 때 주관적으로나 객관적으로 모두 양호한 신체적 건강과 정신 건강을 유지함**

7. 에릭슨의 생산성 과제를 통달함

8. 60세와 75세 사이에 아내와 자녀들 외에 다른 사람들로부터 사회적 지지를 받음

9. 60세와 85세 사이에 양호한 결혼생활을 함

10. 60세와 75세 사이에 자녀들과 친밀하게 지냄

 * 만 58세가 되기 전에 사망한 참여자는 제외되었다.

** 이 항목은 부록 V의 자료를 반영하기 때문에 '10종 경기'와 천국에 대한 믿음 간 상관의 유의미성을 계산하는 데에서 제외되었다.

미 주

역자 서문

1) Sagan, C. (1997). *The demon−haunted world: Science as a candle in the dark.* London: Headline. p. 27.

2) Erikson, E. (1964). *Insight and responsibility.* New York: Norton.

3) Sagan, C. (1997). p. 190.

4) Sagan (1997). p. 189.

5) The Cut (APR. 15, 2014). *We are star stuff: Lessons of immortality and mortality from my father, Carl Sagan* (By Sasha Sagan).

6) Sagan, C. (1994). *Pale blue dot: A vision of the human future in space.* New York: Random House. p. 8.

7) Smith, A. (2005). *Moon dust: In search of the men who fell to earth.* London: Bloomsbury Publishing.

8) 1 Corinthians. 13:13. (NKJV).

서론

1) Yaden (2015). p. 275.

2) Raichle et al. (2001)., Buckner, Andrews−Hanna, & Schacter (2008).

3) Wilson (1998). p. 61.

4) Vaillant (2012).

5) Newport (2012).

1장

1) Gilbert & Wilson (2007)., Seligman, Railton, Baumeister, &

Sripada (2016).

2) Buckner, Andrews−Hanna, & Schacter (2008).,
Raichle et al. (2001).

3) Seligman et al. (2016). p. 352.

4) Gilbert & Wilson (2007). p. 1353.

5) Forster (1910). pp. 183−184.

6) Konner (2003). p. 251.

7) Schaeffer(1973). p. 383.

8) Vaillant (2002).

9) Vaillant (2012).

2장

1) Seligman et al. (2016). pp. 273−274.

2) Vaillant (1977).

3) Ezekiel (1968).

4) Vaillant (1977).

5) Seligman et al. (2016). x−xi.

6) Frankl (1959).

7) Snyder (2002).

8) Menninger (1942). p. 216.

9) Zajonc (1984).

10) Skinner (1965). p. 160.

11) Slovic et al. (2004).

12) Rizzolatti (2005).

13) Seligman et al. (2016). p. 272.

14) Seligman et al. (2016).

15) Becker (1973).

16) Seligman et al. (2016). p. 185.

3장

1) Miller (2010). pp. 247 − 248.

2) Miller (2010).

3) Harris (2004).

4) Baumeister, Hoffman, & Vohs (2015).

5) Vaillant (2008).

6) Vaillant (2012).

7) Miller (2015)., Cloninger et al. (1994).

8) Newport (2012). p. 3.

9) Heath (1945).

10) Cloninger et al. (1994).

11) Piedmont (1999).

4장

1) Shakespeare, W. Hamlet (1:5, 167 − 168).

2) Newberg & D'Aquili (2001). p. 80.

3) Galli (2000). p. 131.

4) Herbermann (1907). p. 456.

5) Fowler (1984).

6) Vaillant (2008).

7) Galatians. 5:22 − 23. New King James Version; NKJV.

8) Vaillant (2008).

9) Wilson (2002).

10) Hauser (2006).

11) Vaillant (2008).

12) Vaillant (2008).

13) Eaves et al. (1999).

14) Bouchard et al. (1999).

15) Rene Girard (1977).

5장

1) Hebrews. 11:1 King James Version.

2) James (1896/1956). p. 20.

3) James (1896/1956). p. 29.

4) James (1896/1956). p. 21.

5) James (1896/1956). p. 23.

6) James (1896/1956). p. 29.

7) James (1896/1956). p. 31.

8) Vaillant (2008).

9) Murray & Morgan (1945). p. 50.

6장

1) 1 Corinthians. 13:12. King James Version (KJV).

2) Zaleski (1996). p. 3.

3) Zaleski (1996). p. 37.

4) Zaleski (1996). p. 15.

5) Seligman et al. (2016). p. 229.

6) Plato (360 BCE/1909). para 332.

7) Seligman et al. (2016).

8) Zaleski (1996).

9) Zaleski (1996). p. 67.

10) van Lommel et al. (2001).

11) Miller (2010).

12) Piper & Murphy (2004).

13) Alexander (2012).

14) Vaillant (1993).

7장

1) Parnia (2013). pp. 8−9.

2) van Lommel (2012)., Parnia (2013).

3) Parnia (2013). p 12.

4) Parnia (2013). p. 127.

5) van Lommel et al. (2001).

6) Parnia (2013). p. 172.

7) O'Murchu (2004). p. 184.

8) O'Murchu (2004). p. 181.

9) O'Murchu (2004). p. 66.

10) O'Murchu (2004). p. 71.

11) Parnia (2013). p. 193.

12) Eccles (1989). p. 241.

13) Parnia (2013). p. 225.

14) James (1902). p. 535.

15) Vaillant (1993).

16) Vaillant (2002).

17) Emanuel (2014).

8장

1) 1 Corinthians. 13:13. (NKJV).

2) Smith (2005).

3) Smith (2005). p. 197.

4) Smith (2005). p. 46.

5) Smith (2005). pp. 58−59.

6) Miller (2001).

7) Bouchard et al. (1999).

8) Eaves et al. (1999)., Vaillant (2008).

9장

1) Wilson (1968).

2) Vaillant (2002).

10장

1) Eckhart et al. (1998)., Harper (1998)., Oscar−Berman & Marinkovic (2007).
2) Vaillant (1995).
3) Vaillant (1995).

11장

1) Chardin (1959).
2) Vaillant (2008).
3) Yaden et al. (2015).
4) Cloninger et al. (1994).
5) Hamer (2004)., Kirk et al. (1999)., Urgesi et al. (2010).
6) Kirk et al. (1999).
7) Wesley (1845).
8) Emmons (2007).
9) Emmons & McCullough (2003).
10) Vaillant (1995).
11) Cronlund (2008).
12) Keller (2001).
13) Vaillant (2008).
14) Newberg & Waldman (2006).
15) Newberg & Iverson (2003).
16) Newberg & Waldman (2006).
17) Newberg & Waldman (2006). p. 18.
18) Newberg & Waldman (2006). p. 30.
19) Vaillant (2008).
20) James (1902). p. 157.

참고문헌

1장

Buckner, R. L., Andrews − Hanna, J. R. & Schacter, D. L. (2008). The brain's default network: Anatomy, function and relevance to disease. *Annals of the New York Academy of Sciences, 1124,* 1 − 38.

Forster, E. M. (1910, 1973). *Howard's End,* (p. 183 − 184). New York: Edward Arnold.

Gilbert, D. H. & Wilson, T. D. (2007). Prospection: Experiencing the Future, *Science, 317,* 1351 − 1354.

Konner, M. (2003). *The Tangled Wing (2nd edition).* New York: Henry Holt.

Newport, F. (2012). *God is Alive and Well: The Future of Religion in America.* New York: Gallop Press.

Raichle, M. E., MacLeod, A. M., Snyder, A. Z., Powers, W. J., Gusnard, D. A. & Shulman, G. L. (2001). A default mode of brain function. *Proceedings of the National Academy of Sciences, 98,* 676 − 682.

Scheaffer, L. (1968). *O'Neill, Son and Playwright.* Boston: Little

Brown, p. 383.

Seligman, M. E. P., Railton, P., Baumeister, R. F. & Sripada, C. (2016). *Homo Prospectus*. New York: Oxford University Press, Afterward p. 352.

Vaillant, G. E. (2002). *Aging Well*. Boston: Little Brown.

Vaillant, G. E. (2012). *Triumphs of Experience*. Cambridge MA: Harvard University Press.

Wilson, E. O. (1998). *Consilience*. Cambridge MA: Harvard University Press, p. 61.

Yaden, D. B., McCall, T. & Ellens, J. H. (2015). *Being Called: Scientific, Secular, and Sacred Perspectives*. Westport, CT: Praeger Publishing Group.

2장

Becker, E. (1973). *The Denial of Death*. New York: Free Press.

Ezekiel, R. S. (1968). The personal future and Peace Corps competence. *Journal of Personal and Social Psychology, Monograph Supplement, 8*(2), 1968, pp. 1−26.

Frankl, V. (1959). *From Death−Camp to Existentialism (Man's Search for Meaning)*. Boston: Beacon Press.

Menninger, K. (1942). *Love Against Hate*. New York: Viking, p. 216−218.

Rizzolatti, G. (2005). The mirror neuron system and its function in humans. *Anatomy and Embryology, 210*, 419−421.

Seligman, M. E. P., Railton, P., Baumeister, R. F. & Sripada, C.

(2016). *Homo Prospectus*. New York: Oxford University Press, Preface.

Seligman, M. E. P., Railton, P., Baumeister, R. F. & Sripada, C. (2016). *Homo Prospectus*. New York: Oxford University Press, pp. 273 − 274.

Skinner, B. F. (1965). *Science and Human Behavior*. New York: Free Press, p. 160.

Slovic, P., Finucane, M. L., Peters, E. & Macgregor, M. (2004). Risk as analysis and risk as feelings: Some thoughts about affect, reason, risk, and rationality. *Risk Analysis*, *24*, 311 − 322.

Snyder, C. R. (2002). Comment: Hope theory: Rainbows in the mind. *Psychological Inquiry*, *13*, 249 − 275.

Vaillant, G. E. (1977). *Adaptation to Life*. Cambridge MA: Harvard University Press.

Zajonc, R. B. (1984). On the primacy of affect. *American Psychologist*, *39*, 117 − 123.

3장

Baumeister, R. F., Hoffman, W. & Vohs, K. D. (2015). Every day thoughts about the past, present, and future: an experience sampling study of mental time travel (submitted for publication).

Baumeister, R. F., Vohs, K. D., & Oettingen, G. (2016). Pragmatic Prospection: How and Why People Think About the Future. *Review of General Psychology.* Advance online publication. http://dx. doi.org/10.1037/gpr0000060.

Cloninger, C. R., Przyback, T. R., Svarik, D. M. & Wetzel, R. D. (1994). *The Temperament and Character Inventory (TCI): A Guide to Its Development and Use.* Center for psychobiology and personality, Washington University, St. Louis, MO.

Heath, C. (1945). *What People Are.* Cambridge, MA: Harvard University Press.

Harris, S. (2004). *The End of Faith.* New York: Norton.

Miller, L. (2010). *Heaven.* New York: Harper Perennial.

Miller, L. (2015). *The Spiritual Child.* New York: St. Martin's Press.

Newport, F. (2012). *God is Alive and Well: The Future of Religion in America.* New York: Gallop Press.

Piedmont, R. L. (1999). Does spirituality represent the six factor of personality? Spiritual transcendence and the five factor model. *Journal of Personality, 67,* 985 – 1013.

Vaillant, G. E. (2008). *Spiritual Evolution: How We Are Wired for Faith, Hope and Love.* New York: Three Rivers Press.

Vaillant, G. E. (2012). *Triumphs of Experience.* Cambridge MA: Harvard University Press.

4장

Bouchard, T. J., McGue, M., Lykken, D. & Tellegen, A. (1999).

Intrinsic and extrinsic religiousness: Genetic and environmental influences and personality correlates. *Twin Research, 2,* 88 – 98.

Eaves, L. J., Heath, A., Martin, N., Maes, H., Neale, M., Kendler, K., et al. (1999). Comparing the biological and cultural inheritance of personality and social attitudes in the Virginia 20,000 study of twins and their relatives. *Twin Research, 2,* 62 – 80.

Fowler, J. (1984). *Becoming Adult, Becoming Christian,* (p. 71). San Francisco: Harper and Row [Translation of the *Bhagavad – Gita* Chapter 2, attributed to Gandhi].

Galli, M. (2000). 131 *Christians Everyone Should Know.* Nashville: Holman Reference, p. 131.

Girard, R. (1977). *Violence and the Sacred.* Baltimore, MD: Johns Hopkins University Press.

Hauser, M. (2006). *Moral Minds: How Nature Designed Our Universal Sense of Right and Wrong.* New York: Harper Collins.

Herbermann, C. G. (1907). *Catholic Encyclopedia.* New York City: Robert Appleton.

Newberg, A. & D'Aquili, E. (2001). *Why God Won't Go Away: Brain Science and the Biology of Belief.* New York: Ballantine Books.

Vaillant, G. E. (2008). *Spiritual Evolution: How We Are Wired for Faith, Hope and Love.* New York: Three Rivers Press.

Wilson, D. S. (2002). *Darwin's Cathedral: Evolution, Religion and the Nature of Society.* Chicago: University of Chicago Press.

5장

James, W. (1956). *The Will to Believe and Other Essays in Popular Philosophy.* New York: Dover Publications. p. 20.

Murray, H. A. & Morgan, C. D. (1945). A clinical study of sentiments. *Genetic Psychology Monographs, 32,* 3 − 149.

Vaillant, G. E. (2008). *Spiritual Evolution: How We Are Wired for Faith, Hope and Love.* New York: Three Rivers Press.

6장

Alexander, E. (2012). *Proof of Heaven.* New York: Simon & Schuster.

van Lommel, P., et al. (2001). "Near − death experiences in survivors of cardiac arrest: A prospective study in the Netherlands. *Lancet, 358,* 2039 − 2045.

Miller, L. (2010). *Heaven.* New York: Harper Perennial.

Moody, R. A. (1975). *Life after Life.* New York: Bantam.

Piper, D. & Murphy, C. (2004). 90 *Minutes in Heaven.* Grand Rapids MI: Revell Books.

Plato. (360 BCE/1909). *Phaedo and Crito.* The Harvard Classics. Cambridge, MA: Harvard University Press, paragraph 332.

Seligman, M. E. P., Railton, P., Baumeister, R. F. & Sripada, C. (2016). *Homo Prospectus*. New York: Oxford University Press.

Vaillant, G. E. (1993). *The Wisdom of the Ego*. Cambridge, MA: Harvard University Press.

Zaleski, C. (1996). *The Life of the World to Come*. New York: Oxford University Press, p. 3.

7장

Eccles, J. (1989). *Evolution of the Brain: Creation of the Self*. Abington－on－Thames, United Kingdom: Routledge, p. 241.

Emanuel, E. J. (2014). Why I hope to die at 75. *Atlantic, 319*, 74－81.

James, W. (1902). *The Varieties of Religious Experience*. London, England: Longman Greer, p. 337.

van Lommel, P., et al. (2001). "Near－death experiences in survivors of cardiac arrest: A Prospective study in the Netherlands. *Lancet, 358*, 2039－2045.

Moody, R. A. (1975). *Life after Life*. New York: Bantam.

O'Murchu, D. (2004). *Quantum Theology*. New York: Crossroad.

Parnia, S. (2013). *Erasing Death*. New York: Harper Collins.

Popper, K. & Eccles, J. (1977). *The Self and Its Brain*. Berlin: Springer.

Sacks, O. (1999). *Awakenings*. New York: Vintage Books.

Vaillant, G. E. (1993). *The Wisdom of the Ego.* Cambridge, MA: Harvard University Press.

Vaillant, G. E. (2002). *Aging Well.* Boston: Little Brown.

8장

Bouchard, T. J., McGue, M., Lykken, D. & Tellegen, A. (1999). Intrinsic and extrinsic religiousness: Genetic and environmental influences and personality correlates. *Twin Research, 2,* 88 – 98.

Eaves, L. J., Heath, A., Martin, N., Maes, H., Neale, M., Kendler, K., et al. (1999). Comparing the biological and cultural inheritance of personality and social attitudes in the Virginia 20,000 study of twins and their relatives. *Twin Research, 2,* 62 – 80.

Miller, W. R. & C'de Baca, J. (2001). *Quantum Change.* London: Guilford Press.

Smith, A. (2005). *Moon Dust: In Search of the Men Who Fell to Earth.* New York: Harper Collins.

Vaillant, G. E. (2008). *Spiritual Evolution: How We Are Wired For Faith, Hope And Love.* New York: Three Rivers Press.

9장

Wilson, J. B. (1968). Emerson and the Rochester Rappings. *New England Quarterly, 41,* 248 – 258.

Vaillant, G. E. (2002). *Aging Well*. Boston: Little Brown.

10장

Eckardt, M. J., File, S. E., Gessa, J. L., Grant, K. A., Guerri, C., Hoffman, & Tabakoff, B. (1998). Effects of moderate alcohol consumption on the central nervous system. *Alcoholism: Clinical and Experimental Research*, *22*, 998 – 1040.

Harper, C. (1998). The neuropathology of alcohol – specific brain damage, or does alcohol damage the brain? *Journal of Neuropathology and Experimental Neurology*, *57*, 101 – 110.

Oscar – Berman, M. & Marinkovic, K. (2007). Alcohol: Effects on neurobehavioral functions and the brain. *Neuro – psychology Review*, *17*, 239 – 257.

11장

Cloninger, C. R., Przyback, T. R., Svarik, D. M. & Wetzel, R. D. (1994). *The Temperament and Character Inventory (TCI): A Guide to Its Development and Use*. Center for psychobiology and personality, Washington University, St. Louis, MO.

Cronlund, K. (2008). *Gratitude: A Way of Life*, unpublished manuscript.

Emmons, R. & McCullough, M. (2003). Counting blessings versus burdens: An experimental investigation of gratitude and subjective well−being in daily life. *Journal of Personality and Social Psychology, 84*, 377−389.

Emmons, R. (2007). *Thanks.* New York: Houghton Mifflin Harcourt.

Fetzer Institute. (2003). *Multidimensional Measurement of Religiousness/Spirituality for Use in Health Research.* Kalamazoo, MI: John E.

Hamer, D. H. (2004). *The God Gene.* New York: Doubleday.

James, W. (1902). *Varieties of Religious Experience.* London, England: Longman Greer.

Keller, H. *The Congressional Record*, SENATE, Wednesday, June 27 2001.

Kirk, K. M., Eaves, L. J. & Martin, N. G. (1999). Self−transcendence as a measure of spirituality in a sample of older Australian twins. *Twin Research, 2*, 81−87.

Newberg, A. & Iversen, J. (2003). The neural basis of the complex mental task of meditation: Neurotransmitter and neurochemical considerations. *Medical Hypothesis, 8*, 282-291.

Newberg, A. & Waldman, M. R. (2006). *Why We Believe What We Believe.* New York: Free Press.

Seligman, M. E. P., Railton, P., Baumeister, R. F. & Sripada, C. (2016). *Homo Prospectus.* New York: Oxford University Press, Preface.

Teillhard de Chardin, (1959). *Phenomena of Man*, London: Collins, pp. 142 – 160.

Urgesi, C., Aglioti, S. M., Skrap, M. & Fabbro, F. (2010). The spiritual brain: Selective cortical lesions modulate human self – transcendence. *Neuron, 65,* 309 – 319.

Vaillant, G. E. (1995). *The Natural History of Alcoholism Revisited.* Cambridge, MA: Harvard University Press.

Vaillant, G. E. (2008). *Spiritual Evolution: How We Are Wired for Faith, Hope and Love.* New York: Three Rivers Press.

Yaden, D. B., Le Nguyen, K. D., Kern, M. L., Wintering, N. A., Eichstaedt, J. C., Schwartz, H. A. & Newberg, A. B. (2017). The noetic quality: A multi – method exploratory study. *Psychology of Consciousness: Theory, Research, and Practice, 4*(1), 54 – 62.

Yaden, D. B., McCall, T. & Ellens, J. H. (2015). *Being Called: Scientific, Secular, and Sacred Perspectives.* Westport, CT: Praeger Publishing Group.

Wesley, J. (1845). Sermon CXIV, "The Unity of the Divine Being," in *Sermons on Several Occasions*, Volume *II*, New York: G. Lane and C. B. Tippett, p. 432.

색 인

저자 소개 및 연락처

조지 베일런트(George E. Vaillant)

베일런트 박사는 현재 하버드대학교 의과대학과 매사추세츠 종합병원 정신건강의학과 교수다. 주요 연구 분야는 성인발달연구와 조현병의 회복 과정, 헤로인 중독, 알코올 중독, 성격장애다. 그는 거의 70년간 824명의 남성과 여성의 삶을 전향적으로 연구한 '하버드대학교 성인발달연구'의 총책임자를 35년간 맡은 바 있다. 저서로는 성공적인 삶의 심리학(Adaptation to Life, 1977), 행복의 지도(The Wisdom of the Ego, 1993), 알코올중독 역사의 재고찰(The Natural History of Alcoholism – Revisited, 1995), 행복의 조건(Aging Well, 2002), 행복의 완성(Spiritual Evolution, 2008), 행복의 비밀(Triumphs of Experience, 2012)이 있다.

베일런트 박사는 하버드 대학교와 하버드 대학교 의과대학을 졸업한 후 매사추세츠 정신건강센터에서 레지던트 과정을 밟고 보스턴 정신분석연구소에서 정신분석훈련을 마쳤다. 행동과학고등연구센터와 미국정신의학회의 펠로우이자, 긍정심리학의 창립 멤버다. 과거 연구의 주요한 초점은 개인 성인발달에 있었으며, 더 최근에는 긍정 감정과, 공동체 발달에 대한 긍정 감정의 관계에 관심을 가지고 있다. 익명의 알코올중독자 모임의 전 이사이자 현재 긍정심리학 운영위원회 위원이다.

베일런트 박사는 미국정신의학학회에서 정신건강의학 연구기금 상을, 펜실베이니아 병원 연구소에서 스트래커 상을, 그리고 알코올중독 연구로 옐리네크 상을 수상했다. 가장 최근에는 미국정신의학학회로부터 특별공로상을 수상했다.

George E. Vaillant, MD

Professor of Psychiatry, Harvard Medical School

Email: GVAILLANT@mgh.harvard.edu; gvaillant@partners.org

역자 소개

김진영

고려대학교 심리학과에서 임상심리학으로 박사학위를 받았으며, 고려대학교 구로병원 신경정신과 임상심리 레지던트로서 수련을 받았다. 예일대학교 의과대학 소아과와 심리학과에서 박사후 연구원을 지냈으며 고려대학교 심리학과에서 BK 연구교수로 재직하였다. 현재는 서울여자대학교 교수로 재직 중이며 학생상담센터장을 맡고 있다. 기초교육원 원장, 자율전공학부장, 인터넷윤리센터장, 아동청소년심리연구소 소장을 역임했고 서울여자대학교 바롬우수교원상을 수상하였다.

대학의 강단뿐만 아니라 중앙공무원교육원을 비롯해 사회 각계의 다양한 심리학 프로그램에서 강사로 활약하였다. 삼성서울병원과 멘탈휘트니스 연구소가 공동으로 추진한「삼성－멘탈휘트니스 CEO 프로그램」의 연구 개발자이기도 하다.「삼성－멘탈휘트니스 CEO 프로그램」은 그랜트 스터디를 통해 성공적인 삶을 산 것으로 공인받은 사람들과 우리나라의 CEO들을 비교해 볼 수 있는 기회를 제공해 주는 'First Class CEO'를 위한 심리학적인 프로그램이다. 주요 저서로는 『청소년의 건강행동을 위한 심리학적 개입』, 『이상심리학(공저)』, 『임상심리학(공저)』, 『멘탈 휘트니스 긍정심리 프로그램(공저)』, 『그림으로 이해하는 심리학(공저)』 등이 있다. 그리고 주요 역서로는 『성격의 자화상(공역)』과 『행복의 지도: 하버드 성인발달 연구가 주는 선물(공역)』이 있다.

고영건

고려대학교 심리학과에서 임상심리학으로 박사 학위를 받았으며 삼성서울병원 정신과에서 임상심리레지던트로서 수련을 받았다. 세계 최초로 '감성지능(EQ)'의 개념을 이론화한 예일대학교 심리학과의 피터 샐로베이 교수의 지도하에 박사후 연구원으로 정서지능에 관한 연구를 수행하였다. 고려대학교 심리학과 교수로 부임한 후 고려대학교 학생상담센터장, 한국건강심리학회와 한국임상심리학회 학술이사, 한국심리학회 총무이사, 그리고 한국임상심리학회 부회장 등을 역임했으며 현재 고려대학교 학생상담센터 센터장

및 고려대학교 문과대학 멘토링상담센터장을 맡고 있다.

고려대학교의 대표적인 강의상 세 가지(고려대학교 학부 석탑강의상, 교육대학원 명강의상, 그리고 평생교육원 우수강의상)를 모두 수상한 바 있으며 국가공무원인재개발원, 지방자치인 재개발원, 서울특별시 교육연수원 그리고 주요 대기업의 다양한 심리학 교육 프로그램에서 강사로 활약 중이다. 삼성서울병원과 멘탈휘트니스 연구소가 공동으로 추진한「삼성－멘탈휘트니스 CEO 프로그램」의 연구 개발자이기도 하다.

삼성그룹 CEO들이 2011년부터 6년간 수요사장단회의를 통해 들었던 247번의 특강 중에서, 조선일보 기자들이 삼성언론재단의 지원을 통해 삼성그룹 CEO들의 추천을 받아 최고의 명강의 30편을 선정해 수록한『삼성의 CEO들은 무엇을 공부하는가』책자에 강연 내용이 소개되었다. 그리고 한국의 대표적인 경영전문지인 '동아 비즈니스 리뷰(DBR)'와 경제 일간지인 '매일경제'에 CEO를 위한 심리학 칼럼을 연재하였다.

주요 저서로는『삶에 단비가 필요하다면: 인디언기우제 이야기』,『플로리시: 삶을 밝히는 마음의 빛』,『심리학적인 연금술(공저)』,『멘탈휘트니스 긍정심리 프로그램(공저)』등이 있다. 그리고 역서로는『행복의 지도: 하버드 성인발달 연구가 주는 선물(공역)』이 있다.

내 마음속 천국: 영성이 이끄는 삶

초판발행	2019년 4월 30일
지은이	George E. Vaillant
옮긴이	김진영·고영건
펴낸이	노 현
기획/마케팅	노 현
제 작	우인도·고철민
펴낸곳	㈜ 피와이메이트
	서울특별시 금천구 가산디지털2로 53 한라시그마밸리 210호(가산동)
	등록 2014. 2. 12. 제2018-000080호
전 화	02)733-6771
f a x	02)736-4818
e-mail	pys@pybook.co.kr
homepage	www.pybook.co.kr
I S B N	979-11-89643-80-5 03180

* 잘못된 책은 바꿔드립니다. 본서의 무단복제행위를 금합니다.
* 역자와 협의하여 인지첩부를 생략합니다.

정 가   15,000원

박영스토리는 박영사와 함께하는 브랜드입니다.